中国滨海旅游发展理论与规划实证

吴丰林　著

南開大學出版社
天津

图书在版编目(CIP)数据

中国滨海旅游发展理论与规划实证 / 吴丰林著. —
天津：南开大学出版社，2019.7
ISBN 978-7-310-05727-6

Ⅰ. ①中… Ⅱ. ①吴… Ⅲ. ①滨海旅游—旅游业发展—研究—中国 Ⅳ. ①F592.7

中国版本图书馆 CIP 数据核字(2019)第 000962 号

南开大学出版社出版发行
出版人：刘运峰
地址：天津市南开区卫津路 94 号　　邮政编码：300071
营销部电话：(022)23508339　23500755
营销部传真：(022)23508542　　邮购部电话：(022)23502200
*
唐山鼎瑞印刷有限公司印刷
全国各地新华书店经销
*
2019 年 7 月第 1 版　　2019 年 7 月第 1 次印刷
210×148 毫米　32 开本　5.625 印张　160 千字
定价：25.00 元

如遇图书印装质量问题，请与本社营销部联系调换，电话：(022)23507125

自　序

滨海旅游是产业发展、市场认知和规划实践的热点，自然也是理论研究重点关注的对象。在大众旅游新时代、全域旅游新方位背景下，尤其是在中国旅游产业从高速增长阶段向优质发展阶段的战略转型期，需要从宏观视野重新审视我国的滨海旅游发展问题。

作者长期从事区域旅游发展理论和规划实践研究，对滨海旅游的关注始于以下两个渊源：一是兴趣使然。长期从事陆上的区域旅游研究，对大海有种不可抗拒的向往，那么陆海交汇处的滨海区域便成为从陆地走向海洋需要首先涉足的区域。同时，近几年先后承接了天津滨海新区旅游发展总体规划、江苏南黄海东凌湖旅游产业融合发展规划，对滨海旅游发展的系统研究和调研，积累了理论和实践基础。二是任务使然。近几年，作为研究任务，作者先后负责起草了多份关于海洋旅游和旅游规划方面的《旅游内参》，“把旅游业建设成为‘一脊两翼’陆海联动的战略支撑——兼论新时期我国海洋旅游发展战略”“沿海旅游经济带，堪当国家中长期战略的统筹之任”“旅游规划再审视，旅游发展新思维”等，在这些研究任务的完成过程中，系统学习、梳理了关于滨海旅游理论与规划的宏观认知。

本书在组织架构上分为上下两篇，上篇为发展理论、下篇为规划实证。上篇在梳理滨海旅游发展的基础理论和发展模式基础上，用陆海统筹的视野，提出了中国沿海发展脊概念，认为“一脊两翼”并不均衡，陆翼渐丰、海翼乏力是现阶段的基本特点，构建了滨海旅游在“一脊两翼”格局中的战略布局。最后，以大众旅游新时代、全域旅游新方位为背景，结合现阶段旅游规划呈现出的实践问题，提出了基于系统论和杠杆原理的滨海旅游规划逻辑思路和规划框架。下篇以上篇为理论指导，以作者主持的《南黄海东凌湖旅游产业融合发展规划（2015—2030）》为规划实证，对相关发展理论、发展战略和规划思路进行实证展示，以期通过理论分析与实证案例相结合的方式，为我国滨海旅游开发提供新的规划理念和思路，使规划方案更加有的放矢，以更好地服务于滨海旅游产业发展。

本书在撰写过程中得到了中国旅游研究院院长戴斌教授的悉心指导，也得到了我所在的中国旅游研究院区域所黄璜博士、张佑印博士、李雪博士、郭娜博士的帮助。区域规划所的研究团队，近年来在区域旅游发展和国民休闲研究领域，付出了辛苦努力，也取得了较高社会反响的系列成果，已经成为有影响力、动力十足的生力军。本书在出版过程中得到了南开大学出版社王冰老师和张维夏老师的大力帮助。在此，谨向以上付出辛勤劳动和提供帮助的老师、同事与朋友，表示诚挚的感谢。

作者主持的《南黄海东凌湖旅游产业融合发展规划（2015—2030）》，为本书提出的旅游规划逻辑思路和规划框架提供了实践检验的案例。该项目的成员包括张佑印、黄璜、关兴良、赵雅萍、王蕾、邓李娜、李东、张翠峰、任春涛、漆家进、申娟等人，在此一并表示感谢。

由于作者水平有限，才疏学浅，时间仓促，书中缺点在所难免，恳求广大同仁批评指正。本书在成文过程中，力争对所有引文和资料出处进行注释，但仍恐挂一漏万，诚请多加包涵。竭诚渴望阅读这本书的同仁们、朋友们提出宝贵意见，本人将万分感激。

本书出版之际，恰逢作者所供职的中国旅游研究院成立十周年，谨以此书献给中国旅游研究院，庆祝十年之喜。希望在中国旅游产业发展的过程中，中国旅游研究院能够继续做出更大的贡献。

吴丰林

2018 年 1 月 28 日 北京

目　录

下篇　规划实证

上篇　发展理论

【篇首语】

21 世纪是海洋世纪，当前滨海旅游业收入占全球旅游业总收入的 1/2，滨海旅游已经成为全球关注的焦点。自 20 世纪 80 年代后期以来，中国海洋旅游业得到迅速发展，伴随着人们生活水平的提高和休闲消费的持续增长，海洋旅游包括滨海旅游已成为人们休闲的新时尚。为更好指导滨海旅游的科学健康发展，本篇在梳理滨海旅游发展的基础理论和发展模式基础上，用陆海统筹的视野，提出了中国沿海发展脊概念，认为“一脊两翼”并不均衡，陆翼渐丰、海翼乏力是现阶段的基本特点，构建了滨海旅游在“一脊两翼”格局中的战略布局。最后，以大众旅游新时代、全域旅游新方位为背景，结合现阶段旅游规划呈现出的实践问题，提出了基于系统论和杠杆原理的滨海旅游规划逻辑思路和规划框架。

本篇包含四章内容，分别是：第一章，滨海旅游研究进展；第二章，滨海旅游开发模式；第三章，滨海旅游发展战略；第四章，滨海旅游规划思路。

第一章　滨海旅游研究进展

21 世纪是海洋世纪，滨海旅游已经成为全球关注的焦点，我国滨海旅游发展进入新的阶段，需要陆海统筹，共同发展。在陆海联动发展的需求背景下，本章从滨海旅游资源、旅游开发、旅游业、影响和滨海岛屿 5 方面研究国内外滨海旅游成果，以期为我国滨海旅游发展提供参考。

一、滨海区域与滨海旅游

（一）滨海区域界定

滨海是陆地系统和海洋系统的一个接合部，是海陆相互作用而变化的活跃地带（Kay et al.，1999），由沿海岸线的陆地、潮水出没的滩地等组成（Brown et al.，2002），共同形成了滨海的整体环境。一直以来，人们高度地依赖滨海资源，将定居、生产、交通、旅游等一系列生产、生活和娱乐活动安排在那里（Small et al.，2003）。

（二）滨海旅游界定

滨海对大众产生着持续的休闲娱乐吸引力，休闲度假旅游是驱动滨海区域发展和变化的重要力量之一。美国国家海洋和大气局（UNOAA）在 1997 年就曾指出：所有发生在海岸带或近海海域的活动，没有一项增长数量和多样性能超过滨海休闲度假旅游活动（Agarwal，2002）。为清晰界定滨海旅游，从关系范围和主驱力两个视角对滨海旅游与海岸旅游和海洋旅游的异同进行辨析。

从关系范围属性分析，海岸旅游、滨海旅游和海洋旅游具有交叉关系。海岸旅游紧密发生在陆地与海洋相互交接、相互作用的一定宽度的地带（其上界起始于风暴潮线，下界是波浪作用下界，也就是波浪扰动海底泥沙的下限处）。海岸旅游的发生环境是滨海旅游和海洋旅游共同发展的核心载体，海岸资源环境保护、开发和管理决定着三者旅游活动的持续发生和良性发展。海洋旅游包括海岸旅游和近远海旅游，既涉及在海岸已发生和发展的各种旅游活动，也包括随着现代旅游的新兴理念和科技经济不断提升待开拓的近远海（海岛和海底）旅游活动。当前需要在技术主导下结合环境和经济要素探索与完善海洋旅游活动。滨海旅游由沿海岸线陆域和海岸发生与发展的两部分旅游活动构成，是海洋产业中一种新兴的、综合的生产性服务业，对海陆经济产业发展、城区和谐社会构建、海洋生态环境管治起着重要的驱动作用。

基于上述辨析，结合现阶段中国国情，本书将滨海旅游定义为：在一定的社会经济条件下，以沿海岸线陆域和海岸为依托，以满足人们精神和物质需求以及不同经济主体利益为目的而进行的海陆观光、休闲和度假等旅游活动所产生的现象和关系的总和。

二、国内外研究进展

世界滨海旅游起源于 1730 年英国斯卡伯勒和布莱顿的海水浴场，到 19 世纪中期现代滨海旅游逐渐兴起，欧洲大西洋沿岸、波罗的海沿岸等一系列大众滨海疗养地被开发出来；20 世纪初，地中海沿岸迅速崛起，成为世界著名的滨海度假中心；20 世纪中后期以“3S”为代表的热带滨海旅游发展迅速，加勒比海岸、夏威夷、巴厘岛、普吉岛等滨海旅游胜地相继兴起。与之相应的滨海旅游研究起步晚于其发展，从经济地理学家赫特林研究海滩上小商贩售卖冰激凌开始，滨海区域一直是地理学家研究的焦点之一（谷明，2008）。

中国滨海旅游的蓬勃发展兴起于 20 世纪 90 年代。1992 年国务院批准试办 12 个国家级旅游度假区，与此同时，国内关于滨海旅游的研究逐渐增多。我国滨海旅游资源丰富，研究者众多，对滨海旅游的发展发挥了较大推动作用。

（一）滨海旅游资源研究

1. 国外研究进展

国外关于滨海旅游资源的研究，一方面是从地理学角度探讨海岸、沙滩、珊瑚礁、红树林、湿地等资源的形成与演变，类似佩西克等（1984）、哈维等（2003）学者阐述了海岸的形成原理与演变过程。沙滩也是国外学者的研究重点之一，谢尔曼等（2002）认为沙滩的相关研究会越来越多，伯德（1996）在书中探讨了滨海区域沙滩地貌的特征以及管理办法，诺德斯多姆（2000）则介绍了沙滩和沙丘的形成过程。

另一方面，国外学者有关滨海旅游资源的评价研究（主要集中在研究初期）趋近于成熟，在开发和规划中的应用性与实践性都有所强化。评价体系由最初的单一因子评价发展到现在的综合因子评价，评价角度也各不相同，从单纯的自然资源到考虑人类和整体环境。早期的评价体系有：查韦里（1989）从水体、沙滩、沙子、岩石、海滩环境、周围环境 6 方面构建评价体系，评价因子较多，但客观性不够强；除了自然因子，威廉姆斯（1992）将生物和人类利用列入评价体系，评价较为全面，但分类不够明确；摩根(1999)选取自然、生物、人文、开发程度 4 类因子，对滨海地区的安全性、气候等进行评价，对于游客决策有较大参考价值。除此之外，摩根（1999）还从游客偏好和市场的角度进行研究，发现游客的身份和背景对景观偏好有很大影响。可以说，早期评价体系的应用性有所欠缺，但对以后的研究有很大的参考价值。

2. 国内研究进展

我国的海岸线长达 18000 千米，海岛岸线有 14000 千米，岛屿有 6500 余个，跨越中温带、暖温带、热带 3 个温度带，拥有开发滨海旅游良好的资源基础。国内关于滨海旅游资源的研究最为丰富，研究内容集中在资源评价和资源分区两方面，研究区域以知名滨海城市为主。滨海旅游资源能否合理开发，一定程度上取决于能否得到科学评价。早期的资源评价以定性研究为主，陈君对我国滨海旅游资源整体进行评价，认为我国滨海地区自然资源类型多样、数量丰富，人文资源历史悠久、价值较高（陈君，2000）。目前的研究趋势是定性和定量相结合，一部分学者根据《旅游资源分类、调查与评价（国家标准）》（GB/T18972—2003）对滨海旅游资源进行评价（吴国清，2007）。但该评价体系建立在旅游资源的共性之上，无法体现其个性和特色，所以多数学者在此基础上另选指标构建资源评价体系，林燕等（2012）从自然资源、人文资源、资源协调性、开发与保育、知名度 5 方面评价厦门滨海旅游资源；赵楠等（2006）从资源丰度、组合状况和可达性 3 个层面评价辽宁省滨海旅游资源；程胜龙等（2010）对广西滨海旅游资源（水体—沙滩类、生态类、人文类）的开发价值和潜在开发价值进行评价。

关于滨海旅游资源的分区，2012 年国家海洋局公布的《全国海洋功能区划（2011—2020 年）》除了划分出渤海等 5 大海区，还划分了 29 个重点海域。一部分学者根据地理位置和区位条件划分我国的滨海旅游资源，如陈君将我国滨海旅游区域划分为环渤海旅游带、上海弓形旅游带、闽粤桂滨海旅游带、海南滨海旅游带；高亚峰等将我国滨海旅游区域划分为环渤海滨海旅游带、苏沪浙滨海旅游带、福建滨海旅游带、广东滨海旅游带、海南岛滨海旅游带（高亚峰等，2005）。刘佳等(2011)从旅游功能角度进行区划，划分出滨海旅游优化开发区、重点开发区、引导开发区、适度开发区 4 大区域。部分学者从气候角度划分，范业正等将我国滨海区域划分为暖温带、北亚热带、中亚热带、南亚热带、北热带、中热带（范业正等，1998）。也有学者另辟蹊径，根据滨海旅游未来发展趋势，探讨新型潜在滨海旅游区分类及其选划条件（吴姗姗等，2009）。

总体来说，国内关于滨海旅游资源研究广度已达到一定规模，全国层面和区域层面的资源评价和分区都有所涉及，但深度有待挖掘。在研究对象方面，多数学者选取省市等小区域尺度作为研究对象，整体性的区域划分和资源评价较少，且尚未达到应有水平，缺乏实操性和参考性。在研究方法上，研究者从早期的定性研究发展到现在的定性和定量相结合，多运用层次分析法（AHP 法）、GIS 技术、TOPSIS 求逼近理想解法、模糊综合评价法等较为先进的技术和方法。

（二）滨海旅游开发与区划管理研究

1. 国外研究进展

国外学者对滨海旅游开发的各个方面都有所涉及。国外学者认为在规划阶段就需要考虑全面，综合平衡旅游开发对当地经济、环境、文化的正面和负面影响（Xie et al.，2013）。在度假地的选址问题上，利亚哈特等（2013）通过整合地理信息系统，将经济、社会、环境、可进入性、土地利用都列入评估范围之内，考虑较为全面，为滨海度假地选址提供了科学支持。国外的旅游规划注重政府、社区、企业三者利益的平衡，滨海旅游也不例外。琼等（2006）研究了加勒比西海岸地区的滨海资源开发，提出让更多利益相关者参与当地资源规划的方法。

国外学者对滨海旅游管理的研究已经达到一个比较成熟的阶段，不同的是早期围绕的是解决单一环境问题，发展为解决多样环境问题的同时兼顾社会文化问题，现在则是实现滨海旅游的可持续发展，大多数学者提倡海岸的资源、经济、社会、生态综合管理。管理研究大致可以分为 3 个角度：政府角度、社区角度、地理学角度。政府角度的滨海旅游管理主要集中在政策、法规、制度层面上（Kay et al.，2005），也有学者意识到滨海旅游管理中应该针对政府建立相关的监督体系，避免政府决策受到其他利益相关者影响（Hall et al.，1995）。从社区角度，部分学者提倡社区或非政府组织（NGOs）参与开发和管理，艾什（2011）提出被动参与、协商参与、融入参与、自我参与 4 种公众参与模式，即在利益驱动下实现社区参与。一些地理学家从地理学和建筑工程的角度探讨滨海旅游的自然环境管理（Wong，1990；Nordstrom，2000），解决开发带来的地形改变和环境问题。此外，还有学者提倡运用经济租金和产权等经济手段进行管理（Davis et al.，2001）。

2. 国内研究进展

国内研究者关于滨海旅游开发的研究，大多采用“资源分析—发展现状—存在问题—对策/建议”的模式，以资源开发、经济发展与环境保护三者之间的矛盾为研究中心。研究对象包括国家海滨公园（刘康等，2006）、滨海旅游度假区（陈钢华等，2013）、无居民海岛（陈烈等，2004）等，多运用可持续发展理论、滨海区域综合管理理论（ICZM）、区域旅游合作与竞争理论、社区参与理论等。研究内容涉及开发模式、规划、发展等。研究者认为国内滨海旅游开发中主要存在以下问题：资源开发不到位（郝艳萍，2003）、缺乏合理规划（杨群等，2003）、环境污染与资源破坏（方景清等，2011）、交通等配套设施不完善（吴淑娟等，2013）、滨海旅游业与其他产业用海矛盾、游客流量与环境容量之间存在矛盾（张润秋等，2002）、政府管理不力等。相应的，研究者提出的解决方法和发展策略也各不相同，包括从思想层面上坚持可持续发展理念、加强资源规划、转变旅游产品、创建旅游品牌、注重环境保护、增强区域合作、海滩分段管理和鼓励社区参与。此外，部分学者提出开发与管理的模型和机制，如张润秋等提出实施海岸带综合管理体制，王芳等提出可持续的滨海旅游资源开发与管理动态模型。

滨海旅游开发模式的研究表明，我国多数旅游度假区开发经历了由"政府主导或企业主导"到"政府主导、企业配合"的模式转变（刘俊，2012）。也有学者支持 RMIP 要素开发模式（李瑞等，2012），但这种开发模式还没有得到实例证明。关于滨海旅游规划的研究，国内学者多以省、直辖市等小区域尺度作为研究对象，主要根据资源分布和功能状况进行规划。张广海等（2006）在分析青岛旅游资源特性的基础上，将青岛划分为东部、南部、胶州湾和西海岸 4 大区域以及 11 个亚区。石强等（2006）对深圳滨海区域的东部岸线和西部岸线开发布局进行探讨。陈小华（2004）分析厦门生态环境和经济社会背景的基础后，运用 GIS 技术将厦门滨海划分为 10 个生态功能区。

（三）滨海旅游业研究

1. 国外研究进展

国外学者对滨海旅游业的研究集中在产业竞争力、产业影响、旅游地发展等领域。国外对旅游竞争力的研究范围较为全面，国家、区域、州市、旅游企业（Camisón et al.，2015）等都有涉及，研究内容除了评价竞争力强弱，影响因素也是重点。旅游产业是一个综合性极强的产业，其竞争力的影响因素也极为广泛，查尔斯等（2014）认为基础设施、商业环境和人力资本影响秘鲁的旅游竞争力；多明格斯（2015）研究表明，不同地区的旅游竞争力影响因素不同，气候、环境和旅游结构影响西班牙竞争力，品牌和基础设施对澳大利亚影响较大；也有学者从税收和政策角度进行研究（Vjekoslav et al.，2012）。

相关研究表明，滨海旅游业的发展也对当地产业产生影响。旅游业的发展可以优化滨海地区的海洋产业结构，但发展过快，没有协调好与其他产业关系的情况下也会带来资源争夺、用海紧张等一系列问题。由于旅游开发，导致城市水资源供给矛盾加深，斯努西（2000）等研究表明，在夏季农业用水高峰期，水资源紧张会加深旅游业和种植业的冲突。滨海旅游业发展也会对传统渔业造成冲击，滨海旅游业作为支柱产业的地区，旅游业和渔业的产业空间竞争尤为激烈，如果有垄断集团的投资和政府的支持，则会继续增强滨海旅游业的竞争力，继而导致传统渔业逐渐弱化（Butler et al.，1993）。此外，萨尔莫纳等（2001）研究发现旅游业和其他产业的竞争会导致其他产业的就业岗位减少，从而导致社区人口外迁，当地劳动力减少。

滨海旅游业发展的状况直接反映出滨海旅游地的兴衰。部分学者运用巴特勒的旅游地生命周期理论来探究这一问题，阿加瓦尔（1999）多次对英国传统滨海旅游地的衰退问题进行探讨，她总结出旅游地衰退的外部原因是市场竞争激烈，内部原因是自身竞争力不足，针对这一问题从技术、投资、专业、服务等角度提出滨海旅游地产品重组和创新策略。普里斯特利等（1998）研究西班牙滨海地区后，提出旅游地发展的后滞涨阶段，并提出 4 种旅游地可持续发展模式。鲁索（2002）研究与之类似，提出了文化遗产型滨海旅游城市发展中的“恶性循环”状态，认为政府政策能够在一定程度上遏制这种状态。

2. 国内研究进展

20 世纪 90 年代以来，我国滨海旅游业发展迅速，2016 年《中国海洋经济统计公报》显示，滨海旅游业占主要海洋产业增加值的 42.1%，处于稳步增长态势，逐渐成为海洋产业的引领。国内关于滨海旅游业的研究也逐渐增多，主要集中在产业竞争力、与其他产业的相互关系、旅游业发展差异等领域。产业竞争力多采用评价和比较的方式，研究区域相对集中，陈晓等（2008）、鲁小波等（2014）都对环渤海区域的旅游竞争力进行研究，但关于全国性的分析不多（江海旭，2015）。学者多采用定量分析，因子分析法、主成分分析法、层次分析法（AHP）、TOPSIS 求逼近理想解法是常用方法。评价涉及资源竞争力、环境竞争力、潜在竞争力、开发竞争力等方面（姜鹏鹏等，2008；岳川江等，2010）。制约竞争力的因素包括资源开发不足、产品缺乏创新、区域合作较少、政策支撑不够、气候条件等。已有研究表明，上海、深圳、大连、天津、厦门等滨海城市的旅游竞争力较强。省级区域上，广东的竞争力最强，广西和海南较弱。此外，也有学者探讨了滨海旅游业和城市经济之间的相互关系，以及滨海旅游业的优化转型，提出区域整合的优化方式（刘佳等，2015）。刘佳等（2014）认为发展低碳经济是滨海旅游业转型的关键，在计算我国沿海地区碳排放量的基础上提出建议。滨海旅游的低碳化发展符合我国生态文明建设，关于此方面的研究今后会越来越多。

相比国外，国内对旅游业和其他产业的关系研究较为欠缺，仅有王斌（2015）探讨了休闲渔业的精致化发展路径，袁俊（2011）分析了深圳市旅游业与文化产业的融合发展模式，关于旅游业与农业、渔业、交通运输业等产业的关系还需要国内学者进一步研究。

（四）滨海旅游影响研究

1. 国外研究进展

滨海旅游活动必然会对当地生态环境造成影响，国外学者很早就注意到这一点，并从正反两方面探讨这种影响。一方面，部分资源基础差、环境脆弱的海滩可以通过旅游开发得到修复和补给，从而改善整体环境，菲律宾麦克坦岛的三次修建经验表明，旅游发展潜力低的岩石海岸经过局部和有效的修整可以开发为度假地，改善当地环境（Wong，1999）。另一方面，滨海旅游活动带来各种负面影响：一是造成水体污染。库吉（1991）认为滨海地区的粪池泄露和不完善的污水系统等都会导致海洋水体污染，尤其是高尔夫球场使用的肥料会引起海滨水体的富营养化；此外，邮轮旅游的燃料泄漏和污水废物排放也会对水体环境造成影响（Marsh，1995）。二是造成海岸侵蚀和退化。观光海堤、防护墙、游船航道、海口疏浚等活动会破坏泥沙结构，造成海岸侵蚀和崩塌。三是造成土壤污染。旅游开发导致植被减少，土壤失去植被保护的情况下养分减少，更易遭受风暴等恶劣气候的影响。四是野生动植物生活和生长环境遭到破坏，包括红珊瑚减少、红树林消失等。红树林作为大量海洋生物的栖息地，填海造田、基础设施建设等活动导致大量红树林被砍伐，从而引发生物多样性减少、海岸侵蚀加速等不良后果（Hall，2001）。旅游活动对珊瑚生物的影响也是国外学者研究的重点，除了大量的采伐和基础设施工程建设导致的珊瑚减少（Edwards et al.，1999），游客活动也有一定影响，霍尔发现旅游者的珊瑚漫步加剧澳大利亚大堡礁的珊瑚退化问题（梁修存等，2002）。狄克逊等研究发现潜水次数与珊瑚数量有关，提出用表面极限压力指标来估算珊瑚旅游区的旅游承载力（狄克逊，2001）。一些学者对此提出“珊瑚礼仪”培训、“珊瑚移植”等应对措施（Gorbatsevich L I，1997）。针对以上环境问题，黄（1998）提倡对环境影响进行评估，控制旅游人数，制定滨海旅游可持续发展的相关规划和标准。目前，部分游客已经意识到自身的活动会对自然环境造成影响，因此有学者提出，政府可以出台政策，规定旅游者自愿为进入目的地交纳一定费用来弥补这种不利影响（Birdir et al.，2013）。

国外有关滨海旅游对社会文化影响的研究不多，仅有的研究集中在社区问题上。梅奥里奥等（2001）认为海岛旅游业发展会导致社区传统文化破坏、环境破坏和贫富差距扩大等问题。普雷斯顿（2001）研究南非德班滨海旅游的社会认同、空间变迁、空间竞争等问题后，发现社会文化认同对滨海旅游地的社会空间产生影响，随着经济和政治发展变化，社会文化认同会失去平衡，继而引发空间上的社会重构。

2. 国内研究进展

随着滨海旅游发展，国内研究者越来越重视滨海旅游发展中的环境问题，目前已经有一定研究，有关滨海旅游资源开发和滨海区域发展的文献中都涉及环境保护，但专门探讨环境问题的文献比较少。

由于我国滨海旅游环境研究起步较晚，所以深度和广度都有待提升。王芳等认为滨海旅游所带来的环境影响是正负面兼有的，但相比之下，负面影响更为突出。刘冬雁等（2002）认为我国滨海旅游资源已遭到不同程度破坏，伴随着生物多样性锐减，最后导致环境恶化甚至危害人类健康。多数学者从不同角度阐述了我国滨海地区环境破坏的成因，包括资源过度开发、不合理建设、管理不善、市场失灵、污染物（污水、油类、固体废弃物等）排放、游客超载和不文明行为、利益相关者环保意识薄弱、行业分散和资金不足等（李平等，1999；柴寿升等，2002；木丹等；2016）。对于环境问题，学者提出的建议和对策大多是宏观的，从经济、法律、科技、旅游者等角度，例如合理规划、建立保护区和治理区等。此外，也有学者对环境承载力进行研究，刘佳等(2012)采用层次分析法和物元评价模型、灰色预测模型，构建了包括资源、生态、经济、社会 4 个子系统的滨海旅游环境承载力评价体系。张广海等（2009）根据旅游资源丰度和旅游经济指标，研究我国东部沿海地区旅游资源环境承载力和经济环境承载力。

（五）滨海岛屿研究

1. 国外研究进展

岛屿作为滨海旅游资源的重要组成部分，其发展与滨海旅游紧密相连。岛屿国家和地区发展一直是全球关注的焦点，世界贸易组织（WTO）和联合国环境规划署（UNEP）多次召开国际小岛屿发展中国家（SIDS）可持续旅游发展会议，深入讨论了岛屿旅游开发的规划、技术、信息、政策等问题（Hillel，2001），给予海岛旅游发展理论和其他方面大量的支持（Juanita Liu et al.，1988）。

尽管旅游开发带来的经济效益很明显，但国外学者研究发现这种效益往往伴随着风险，谢里夫(2005)对比 20 个小岛屿的经济数据后，认为旅游经济发展与发生经济风险概率成正比。海岛旅游业的发展也会造成其他产业的弱化和转移，斯奇顿研究发现，由于垄断集团和政府对旅游业的支持，佛罗里达传统渔业从基维斯特转移到斯托克岛。而渔业等其他产业的退出和弱化往往导致非旅游就业人口被迫失业或离开社区，进一步导致贫富差距拉大，社区发展不平衡

（Taylor，2001）。同时，部分研究表明，旅游发展对某些岛屿社区的社会文化、生活方式，甚至价值观念产生影响（Walker et al.，2000）。此外，旅游开发阶段不同，岛屿环境不同，社区居民对旅游的态度也不同，阿基斯等（1996）研究比较塞浦路斯的几个村落后发现，与旅游联系和接触较少的居民对旅游更有好感。

由于特殊的地理环境，海岛生态系统比起一般旅游地来说更加敏感和脆弱，旅游开发不当会带来持续、复杂的环境影响，旅游开发建设、旅游者活动、外来生物入侵等都会导致当地生态环境受到干扰，进而引发生态危机（Frenot et al.，2001）。黄（Wong）认为如何解决用水供给、污水排放、污染物处理是海岛旅游可持续发展面临的主要问题。想要实现海岛可持续发展的目标，必须同时具备合理的动植物保护政策、高质量的海滩环境、安全的旅游环境、健康的生态系统和良好的海岸管理。埃尔罗伊（1998）、约翰逊（2002）、梅厄（2006）、陆林（2007）等学者分别从不同角度提出发展建议。

2. 国内研究进展

除了研究一般滨海旅游地，国内学者同样关注滨海岛屿的旅游活动，研究区域以舟山群岛、海南岛为主。浙江舟山群岛是我国第一大群岛，位于经济发达的长江三角洲地区，是国内海岛旅游研究的重点对象之一，乐忠奎（2000）、伍鹏（2007）、任淑华等（2011）学者从资源开发等角度展开研究。而海南岛是我国第二大岛，2009 年国务院 44 号文件提出全面建设海南国际旅游岛的设想后，关于海南岛的研究猛增，涉及资源（李瑞等，2011；王志凯，2011）、开发（唐少霞等，2014）等各个方面。由于我国滨海旅游起步较晚，杨洁等（2009）、黄沛等（2011）学者总结了国外海岛旅游发展的经验，带给我国海岛旅游开发的启示包括完善的岛屿规划、生态旅游发展理念、科学的管理体制等。

国内滨海岛屿的研究集中在旅游资源评价、开发模式、生态环境等方面，对海岛经济发展以及社会文化变迁和环境问题的研究并不多。其中资源评价选取的指标包括资源本身、区位条件、交通情况、经济效益和环境容量等方面（李植斌，1997；李泽等，2011；李悦铮等，2013)。除了一般的自然观光旅游，学者也探讨了岛屿的生态旅游（岑博雄，2003)、文化旅游（王琦等，2010）和开发。关于滨海岛屿与环境的相互关系，陈娟等(2011)认为岛屿具有生态环境的脆弱性、气候环境的不稳定性、区位环境的独特性，使其更易受到影响，旅游不合理开发会加剧淡水危机、环境污染等环境恶化。刘伟（2010）制定了海岛旅游环境承载力的构建流程，包括成立专家组，采用头脑风暴法、层次分析法等，据此构建承载力评价体系。

此外，由于国内海岛数量众多、资源相似度高，学者比较重视区域合作研究，认为区域联合开发是解决替代性竞争的关键，文吉等（2004）提出建立粤西海岛旅游联合区；郑耀星等（2008）通过分析福建省海坛岛、湄州岛、鼓浪屿、东山岛的旅游发展，认为4岛的旅游合作有利于福建海岛旅游品牌整体构建。随着无居民海岛旅游开发，学者对无居民海岛的研究也越来越多，包括无居民海岛的开发与规划（陈烈等，2004；马仁锋等，2012；王琪等，2017)、管理与保护（邹永广等，2013；周学锋，2014）等。

三、研究进展评述

总体来说，国外滨海旅游研究已经处于较高层次，相关研究较为成熟和全面，国内仍处于发展阶段，需要更多学者深入研究。由于滨海地区旅游资源的特殊性，国内外研究者多为地理学学者。国外滨海旅游研究偏重实用性，对理论的研究较少，国内与之相同，但国内的研究更倾向于宏观层面，提出指导性对策和意见。在研究方法层面，国外很早就开始跨学科研究，涉及地理学、海洋学、环境学、社会学、经济学、管理学、旅游学等学科，定量和定性方法相结合；国内的跨学科研究还处于起步阶段，经济学、社会学、环境学、生态学等学科运用较少，近年来国内定量方法运用较多，但主要集中在资源评价和竞争力评价等方面。在研究区域层面，国外大小区域并重，以小区域研究为主；国内研究区域较为失衡，偏重于经济发达的区域研究，尤其是环渤海、长三角和珠三角等发达地区的滨海城市，对小区域、小省市涉及较少。在研究内容层面，国内太过偏重资源研究，对经济、环境、社会、文化的研究都比较少，如表 1-1 所示。

表 1-1　国内外滨海旅游研究内容比较

研究内容	国外	国内
滨海旅游资源	国外偏重于资源本身研究更加细化，评价体系考虑较为全面	国内偏重热门省、市的资源评价与比较，热衷于资源分区，适用性有待提升
滨海旅游开发	开发中考虑资源、社会、环境、政府等多方面，对旅游管理研究较多	国内集中在小区域开发模式和规划两方面，研究有所失衡，不具有一般规律性
滨海旅游业	探讨了滨海旅游业竞争力、与渔业等其他产业关系、旅游地发展	主要是环渤海等区域的城市竞争力对比，以及产业转型，对滨海旅游业和其他产业关系研究欠缺
滨海旅游影响	对滨海旅游带来的环境影响研究较为细化，涉及动植物、水体、土壤等各方面，但社会文化影响还需要加深研究	国内多从宏观角度阐述滨海旅游发展带来的环境问题以及对策，也有少数的环境承载力研究，普遍性不够强
滨海岛屿	是近年来国外关注的焦点，多为发展中岛屿国家和地区研究，研究内容广泛	偏向海南岛和舟山群岛两个区域，多为开发探讨，还需要拓展研究范围

今后，国内滨海旅游研究可以从以下五方面继续深入：一是加强跨学科运用，同时增强理论研究，在滨海旅游理论体系构建方面，国内缺乏系统的理论体系，今后研究可以从滨海旅游概念入手，在梳理和整合滨海旅游、滨海旅游资源等相关概念的基础上，构建理论框架，为中国滨海旅游发展提供理论指导。二是兼顾大小区域，均衡区域研究。从大区域、大方向层面研究滨海旅游，同时兼顾小城镇、小城市。三是滨海旅游与环境的相互作用研究。已有研究多是旅游开发和旅游活动对环境造成的影响，以及相互作用的研究，即环境变化对滨海旅游的影响是今后研究方向之一。滨海旅游业与其他产业亦是如此。四是加强对旅游主体和新媒体的研究，已有研究过分偏重旅游客

体研究，需要更多学者扩展研究视野。五是加深社区参与研究。社区参与一直是我国旅游的欠缺之一，一方面是参与太少或者没有参与的问题，另一方面是参与机制不健全，研究者需要同时着手进行研究。

第二章　滨海旅游开发模式

海洋区域风光秀美，人们对海洋的天然依恋和在工业文明下产生的回归自然的向往，使滨海旅游成为旅游业中最为重要的一部分。据世界旅游组织的统计，当前滨海旅游业收入占全球旅游业总收入的1/2。20世纪80年代后期以来，中国海洋旅游业得到迅速发展，伴随着人们生活水平的提高和休闲消费的持续增长，海洋旅游已成为人们休闲的新时尚。滨海旅游开发在不断发展其内涵的过程中已经成为旅游开发市场的重点，但是针对不同地域、不同政策引导、不同经营主体，甚至不同旅游开发产品，滨海旅游开发的模式如何，是否可以形成一定的引导作用则有待进一步分析和归总。因此，本章采用文献量化及统计的方法对国内目前的滨海旅游开发模式进行研究，直观有效地体现目前国内旅游开发模式研究的现状，也为不同地区实施滨海旅游开发提供研究支撑。

一、滨海旅游开发的基本理论

（一）区位理论

区位理论（史同广等，1994）通常称为区位论，是关于人类活动的空间分布及其在空间中的相互关系的学说。“区位”一般指产业或企业从事经营活动的地理位置。影响以致决定人类活动的空间位置和组合关系的因素，包括自然因素、经济技术因素和社会政治因素等，它们都有把客体引向一定区位的作用力，客体的最终区位是有关区位因素的作用力相互作用、互有消长而产生的“合力”决定的。“合力”所产生的综合效果是衡量区位优势或劣势的标准。

旅游区位是一个广泛的概念，可以划分为客源区位、资源区位、交通区位和认知区位4种区位（李瑞等，2002）。客源区位是指从客源地断面来看待周围几个旅游地景区、景点的吸引力及可达性。资源区位是指从旅游区断面来看待旅游资源及景点对周围客源市场的吸引力及相对价值。交通区位是指从客源地到旅游区的空间距离，即可达程度。认知区位是指客源地游客对旅游区景物的认同感及观赏心理。区位理论在旅游开发过程中指导旅游开发者认清旅游开发的区位优劣势，规划开发出符合实际情况的旅游产品。

（二）系统理论

系统一词最早出现于古希腊语中，原意是指事物中共性部分和每一事物应占据的位置，也就是部分组成整体的意思。

由于各个学者对旅游系统的涵盖范围理解不同，表述也不尽相同，更没有明确统一的定义。国外学者科特利亚洛夫（1999）、普列奥希拉曾斯基、科列沃斯夫（李德美，1989）和皮罗日尼科夫（王铮等，1994）等都提出相关概念，国内学者张亚林、杨振之、吴必虎、李悦铮（李悦铮，2002）也从不同角度提出与旅游系统相关的概念。但无论是旅游地域系统（皮罗日尼科夫，1987）、地域游憩系统（Preobrazhensky et al.，1982），还是旅游资源系统（杨振之，1997），都主要从系统的构成要素、功能来定义旅游系统。吴必虎则认为旅游活动实际上是一个系统，即旅游系统，它包括游憩活动谱上的所有活动类型（吴必虎，1994）。涵盖的范围比旅游地域系统、地域游憩系统和旅游资源系统等更广泛。

本书在综合国内外学者对旅游系统定义的基础上，认为旅游系统是由旅游资源、客源市场、旅游媒介和旅游保障组成的，具有特定结构、功能和层次的复合系统。

（三）海洋科学理论

海洋科学是研究地球上海洋的自然现象、性质及其变化规律，以及开发与利用海洋有关的知识体系。海洋科学的研究对象既有占地球表面近71%的海洋，其中包括海洋中的水以及溶解或悬浮于海水中的物质，生存于海洋中的生物；也有海洋底边界——海洋沉积和海底岩石圈，以及海洋侧边界——河口、海岸带；还有海洋的上边界——海面上的大气边界层等。它的研究内容既有海水的运动规律，海洋中的物理、化学、生物、地质过程及其相互作用的基础理论，又有海洋资源开发、利用以及有关海洋军事活动所迫切需要的应用研究。

海洋科学理论对于旅游开发的指导意义在于以下 3 点：（1）海洋科学理论为滨海旅游开发奠定了基础；（2）海洋科学理论的应用提升了滨海旅游的科学文化品位；（3）海洋生态学为滨海旅游开发的环境保护提供了全面的指导。

（四）可持续发展理论

旅游可持续发展可以理解为在保持和增进未来发展机会的同时，满足当代旅游者和旅游地居民当前的各种需要，其实质是要求旅游与自然、文化和人类的生存环境成为一个有机和谐的整体，实现旅游的经济效益、社会效益与生态效益的有机统一。

旅游可持续发展的条件是旅游资源的可持续利用，目的是满足人们需求本身的可持续性。所以旅游可持续发展有以下意义（张建萍，2001）：首先是满足需要，即满足当地社区居民实现经济创收的基本需要，提高居民生活水平，同时满足旅游者不断增长的旅游需求；其次是环境制约，旅游资源满足人类目前和未来需要的能力是有限的，这种限制在旅游业中就是旅游环境承载力，它是旅游环境系统本身具有的自我调节功能的度量，而可持续发展的首要条件是旅游开发与环境的协调；最后是公平性，强调本代人之间、各代人之间应公平分配有限的旅游资源，旅游需要的满足不能以旅游区环境的恶化为代价，当代人不能为满足自己的旅游需求而损害后代公平利用旅游资源的权利。

二、滨海旅游开发模式研究现状

（一）国外滨海旅游开发模式现状

1995 年通过的《可持续旅游发展宪章》和《可持续旅游发展行动计划》，明确提出将滨海旅游地作为可持续旅游优先发展地区。自此，国外滨海旅游规划的内容和范围逐渐涉及旅游环境和社会文化问题。

滨海旅游规划开发模式选择应该统筹政府和社区的意见，考虑环境和文化的可持续发展。霍尔和詹金斯（1995）认为政府在滨海旅游规划开发和管理中应该明确发展目标和相关具体实施措施，并建立对政府决策行为的监督体系，否则政府的决策很容易受到利益相关者的影响。拉琴科和阿列耶夫（2000）则认为文化传统和社会优先选择权是滨海旅游开发管理模式和目标选择的关键。莫尼卡等在从事整合海岸带管理可持续性研究项目（ICMSRP）的过程中，以菲律宾中部米沙鄢群岛为例，详细探讨了旅游业的成功与该项目进程可持续性之间的关系，研究结果表明滨海旅游业水平与地区的遵从性和可进入性指标成正相关关系，而与生活质量指标和活动可持续性指标成负相关关系（Thiele et al.，2005）。琼等人研究了位于加勒比海西部地区的一个联合国教科文组织的生物圈保护区，该区非常倚重其滨海和海洋资源，但在发展过程中，对资源的使用威胁到了生态系统的健康，基于此，提出了让利益相关者参与资源管理规划的规划方法（Mow et al.，2007）。

（二）国内滨海旅游开发模式现状

在省级区域尺度上，曲丽梅（2001）对辽宁省滨海旅游开发做了深入系统的研究。李志强（2004）论述了广东省滨海旅游的现状，并提出了促进广东省滨海旅游开发的建议。李崇蓉（2004）探讨了广西滨海旅游业与其他地区存在的差距，从产品开发和宣传促销两个方面提出了一些新的思路。高亚峰（2005）介绍了河北省滨海旅游开发概况和发展方向。张龙（2007）在分析河北省滨海旅游现状、寻找阻碍滨海旅游产品深度开发因素基础上，探索性地提出了“三点一线”的河北省滨海旅游模式。韩卢敏（2005）在其硕士论文中探讨了福建省滨海旅游的开发模式，并结合厦门市进行了案例研究。张广海等（2006）从区域整合的角度分析了山东省海洋旅游业的现状，从海洋旅游空间、海陆一体、旅游产品、旅游企业 4 个方面提出了整合措施，最后提出了整合的管理体制创新，为滨海旅游区域开发提供了新思路。

在城市区域尺度上，顾建清等（1995）通过调查问卷的形式，对游客心态进行调查，并对旅游环境与游客构成进行分析，提出昌黎海滨旅游发展设想。苏姗（2001）从城市品牌塑造的角度，由四个方面论述了天津市如何构建滨海旅游名城这样一个城市品牌。李蕾蕾（2003）从7个方面论述了深圳海滨旅游开发和形象构建的问题。王富玉（2001）以专著形式介绍了三亚建设国际热带滨海旅游名城的战略选择。赵冰茹（2001）在其硕士论文中论述了大连市建设国际滨海旅游名城的战略构想和对策建议。梁文等（2003）阐释了北海市滨海旅游资源及在开发过程中暴露出来的问题，提出了合理开发北海市滨海旅游资源、建设滨海旅游业的建议。

三、滨海旅游开发模式分类

（一）以开发经营主体分类

由于开发经营主体的不同可导致开发模式不同。根据文献资料的搜集与分析，滨海旅游的开发模式受到利益相关者之间博弈关系的影响。韩卢敏（2005）认为福建省滨海旅游开发的模式经历了3个阶段，即政府主导模式、国有资本控股模式及民营资本经营模式，如表2-1所示。旅游开发的模式很大因素取决于利益相关者（核心利益相关者、蛰伏利益相关者以及边缘利益相关者）三者之间的相互关系。利益相关者间的博弈关系可以不断变化，三者之间力量的大小取决于控制权的归属，而控制权最终也展现在相应的旅游开发模式上（王纯阳等，2013）。范恒君（2012）认为在北部湾滨海生态旅游的开发模式中，必须从开发初期就理顺经营管理过程中政府、市场和社区民众的利益关系，管理经营模式为政府主导与社区参与并存。

这种分类方法能够从主体角度出发体现滨海旅游开发各主体之间的相互作用，同时还可以反映政府及地方在滨海旅游开发中的引导作用及政策导向，可为开放市场下部分区域滨海旅游开发投资提供一定的借鉴作用。

表 2-1　以开发经营主体分类的滨海旅游开发模式

滨海旅游开发模式	操作内容	区域特点
政府主导模式	政府运用掌握的旅游规划审批权力对旅游开发进行宏观管理，开发资金的投入主要依赖地方财政，但是对公共设施的投入引入相关的市场机制，对游客收取费用，对具体的旅游开发项目不进行具体干预，主要通过行政审批来调控	福建省较早的滨海旅游开发都属于这种模式
国有资本控股模式	政府成立相应的旅游开发项目公司，相关资产以政府财政划拨的形式注入项目公司或者以资产作价形式出资，资产所有者拥有项目公司相应的股权，项目公司以政府组织注入的资产为抵押，向银行借款，获得的资金用于旅游项目的开发，旅游开发所获得的收益用于偿还银行借款	马尔代夫在海岛旅游开发上积极推行“四个一”模式，珠海借鉴“马尔代夫模式”经验
民营资本经营模式	地方政府将管辖范围内的旅游景点资源性资产开发出来后，通过出让旅游开发经营权的方式，吸引投资商介入旅游开发，由投资商根据自身优势，结合市场需要对外融资，继续旅游开发进程，政府只在行业宏观层面上对投资商开发商进行管理	杭州宋城集团、横店集团、香港中运集团、万向集团

（二）以产品形式分类

滨海旅游的开发模式因其开发产品形式不同可以分为多种类型。韩卢敏（2005）在其硕士论文中阐述了福建省 4 种滨海旅游产品开发模式分别为：滨海城市旅游、滨海生态旅游、滨海文化旅游、滨海风情旅游。李建丽（2010）分析了北海大冠沙发展滨海生态休闲旅游的优势，提出北海大冠沙发展滨海生态休闲旅游的模式和管理对策，为北海大冠沙海滨生态旅游的开发管理提供参考。范恒君（2012）以广西北部湾为例，基于 RMP 分析方法，提出改进后的 RMPP 模式，对广西滨海旅游资源（R 性）、市场（M 性）、产品（P 性）、保护（P 性）

4 个方面关系进行分析，探讨了滨海生态旅游可持续开发模式。栾贻伟（2010）在研究中阐述了围绕三亚城市国际名片“永远的热带度假天堂”、国内名片“美丽三亚浪漫天涯”，以“度假 3S（sun、sea、sand）”“感受 3C（culture、creation、city）”“品味 3F（fun、family、food）”为主打，构建海洋休闲度假旅游、康体养生度假旅游、时尚与商务旅游、文化旅游等多元化的旅游产品系列。因此，本书结合各家观点将其分为观光旅游、休闲度假旅游、康体旅游、商务会议旅游、文化体验旅游和生态旅游 6 类，如表 2-2 所示。

表 2-2 以产品形式分类的滨海旅游开发模式

开发模式	开发内容	特点
观光旅游	本身的风貌以及周边海域的风光	环境与资源的脆弱性、大众性
休闲度假旅游	以海滨及相关旅游资源为依托的载体，以消磨时光、娱乐休闲和交际会友为主要目的，在具有良好自然风光和气候条件的海滨地区进行的一系列旅游活动的开发	经济效益高、充分发挥旅游设施的综合性作用
康体旅游	环境打造，打造不同的康体养生基地，增加医疗配置，增加康体、健身、美容项目，吸引国际顶级知名医疗旅游机构	集休闲、娱乐、疗养、健身于一体
商务会议旅游	打造不同规模、不同特色、系统性的会展会议中心，提供先进、专业的硬件设施	收入丰厚、高端、发展前景良好
文化体验旅游	在本地自然优势的基础上挖掘文化内涵，设置体现文化内涵的、完善的基础设施	具有教化、培育功能，参与性高，体现性强，满意度高
生态旅游	将自然和人文环境的保护作为前提，限制旅游业发展规模，尽可能保护和维护自然生态系统的完整性	创新性、结合性、可持续性较高

事实上，在滨海旅游开发模式探讨中往往还需要充分考虑滨海旅游资源保护与可持续发展等方面的内容，由于滨海旅游中可开发的产品形式多样，但是可开发区域却十分有限。因此，如何在有限的区域内开发更适合的产品，如何在开发产品的同时最大程度对滨海旅游

资源进行保护，如何在保护与开发的同时考虑未来危机以实现可持续性发展等，这些问题都是目前研究所要解决的重点问题。

（三）以聚落空间分类

从国际来看，零零散散、小打小闹、分散型的开发，这样的滨海度假区模式基本上是不成功的。就我国来看也是这样，1991 年国务院决定发展国家旅游度假区，1992 年批了 12 个，到现在成功了两个半，其他的基本不成功。第一个原因就在于开发模式有问题，第二个原因就是我们过去的市场条件还不够成熟。但现在不同了，条件成熟了。尤其是进入 21 世纪以来，市场相应成熟了，但仍然发展不起来，还是开发模式问题，缺乏一个集聚模式。现在来看比较成功的海南亚龙湾，主要原因是形成了集聚。

开发滨海旅游资源的有效措施之一是区域协作，注重联合，广域开拓。要确立以顾客为中心的市场营销理念，做好大旅游文章。号召各旅游景区（点）联手开拓旅游市场，进行整体促销，共同促进旅游业区域性发展。要打破行政区划界限，充分体现资源集约利用的原则，通过统一规划建设，使旅游资源空间布局和产品结构更趋合理，与周边地市旅游产品形成差异和互补，拓展市场发展空间（杨帆，2000）。张龙（2007）在研究中建议河北省有关部门应抓好秦皇岛、唐山、沧州等地旅游区、旅行社、旅游饭店的团结和联系，依托环渤海的有利区域，大力开拓旅游市场，促进区域间的行业合作和共同发展。乔敬图（2005）研究中指出围绕滨海旅游，强化京、津、鲁、辽等环渤海经济圈旅游资源跨行政区划的区域联合与协作，走大联合、大开发、大市场的路子，整合优势资源，发挥整体效益，形成各具特色、布局合理、现代化、国际化的旅游经济带。苗小倩（2008）的研究指出天津以“一带五区”的建设为依托，打造“近代中国看天津”“时尚休闲在天津”的城市旅游产品品牌。范恒君（2011）在研究中阐述了在以北部湾地区旅游资源开发为核心的基础上，积极地构建“两圈”（环北部湾旅游圈、泛北部湾旅游圈）、“三极”（广西北部湾经济区、海南国际旅游岛、越南北部湾沿海经济圈）和“五轴”共同组成的“泛北部湾”旅游体系，加强区域间协作，如表 2-3 所示。

表 2-3 以聚落空间分类的滨海旅游开发模式

滨海旅游开发模式	开发内容	代表区域
以大中城市为依托	环都市旅游观光带	天津市打造“一带五区”的旅游资源整体开发格局，三亚打造建成“一港二地”的国际性滨海旅游城市
以沿海经济带为依托	资源优势互补，组合优势，地域优势，客源共享	河北省滨海旅游“三点一线”的发展模式，实现秦皇岛、唐山、沧州这三个地区的区域联合与区域合作
以品牌旅游为依托	优化旅游经济体，“借船出海”，整合效应	北部湾未来要通过构建“一核、两圈、三极、五轴”的旅游格局，联手打造出一个美丽的跨国大旅游圈

（四）以典型案例分类

对于滨海旅游开发模式的研究，由于地区发展的不同，不同地区开展了适用于自身的开发模式。国内外的旅游开发模式各有其特色，本质的不同在于区域旅游资源的不同，但发展成功的相同点则在于各地能够结合自身的优势，配合当地滨海旅游资源保护的宗旨，开展符合自身条件的旅游开发模式。这种分类方法以典型性成功案例为重点，以成功要点为分类依据，能够有较高的借鉴性，但是由于这些成功区域具有自身不同于一般的特点，在借鉴的过程中需要考虑适用性，如表 2-4 所示。

表 2-4 以典型案例分类的滨海旅游开发模式

滨海旅游开发模式	地区	开发内容
地中海小镇	波西塔诺	滨海古城格局，保持原有建筑的整体风貌，保留并利用地方特色产品，开展特色生态旅游商业
陆海联动	深圳	梳理东部滨海资源，旅游城镇化实现跨越式发展；探索陆海联动机制，保护滨海旅游资源，引入前沿理念，创新滨海度假方式；引入高端旅游资本，创新滨海度假模式，树立顶级国际滨海度假胜地形象

续表

滨海旅游开发模式	地区	开发内容
以大中城市为依托	三亚	《海南省三亚市旅游发展总体规划（修编）》中明确了三亚滨海旅游的总体定位：通过全面推进三亚现代旅游业国际化，加快三亚旅游由国内一流向亚洲一流、由亚洲一流向国际一流的转型步伐，最终建成“一港二地”的国际性滨海旅游城市
区域协作	河北省	围绕滨海旅游，强化京、津、鲁、辽等环渤海经济圈旅游资源跨行政区划的区域联合与协作，走大联合、大开发、大市场的路子，整合优势资源，发挥整体效益，形成各具特色、布局合理、现代化、国际化的旅游经济带

四、开发模式小结

随着滨海旅游开发逐渐成为旅游开发的主流方式之一，国内外滨海旅游创新发展趋势正逐渐增强。通过相关文献分析，我国目前滨海旅游开发模式多种多样，但是按照不同的分类标准，可将滨海旅游开发模式分为 4 类，且在分析分类过程中可以发现，中国滨海旅游开发形式虽然多样，但是在进行旅游开发过程中需要注意以下 4 点：

1. 滨海旅游开发过程中应充分关注滨海区域利益相关者之间的博弈关系。不同的利益相关者在进行旅游开发过程中由于利益点的不同，可能造成其开发重点及投资的方式不同。同时，由于开发主体的不同，相关者在开发决策过程中的话语权也会不同。政府主导时，更注重在滨海区域建设上能否有大的突破；企业主导时，更注重商业性开发项目的投入；社区居民主导时则更加注重滨海区域的保护及长久发展，三者之间的关系及主导话语权是滨海旅游开发的基础问题，开发主体间不同的博弈关系处理十分关键。因此，在滨海旅游开发过程中需要利益相关者分配好各自的管控、发展、配合等角色。有效发挥政府的宏观调控及宣传带动作用，适当引入旅游公司或投资企业的资金力量和管理能力，增强当地社区居民的开发参与及监督作用，在滨海旅游发展过程中充分考虑当地社区居民的生活条件，为滨海区域本身未来可持续发展做长远谋划。

2. 滨海旅游开发应注重聚落区位优势的利用。滨海区域由于往往远离城镇而更具魅力，但是滨海区域在旅游开发过程中并不能单靠自身的特点进行单项开发，有效利用区位聚落关系优势能够扩大优势，占领更多目标市场。因此，滨海区域在进行旅游开发过程中，一方面，应该积极联合区域内滨海旅游资源，形成聚集效应；另一方面，应该加强与邻近地区其他景点的旅游路线结合，产生产业区规划效果。同时，滨海区域的旅游开发是一项整合资源的综合开发项目。其在开发过程中，首先，需要确立相关区域；其次，整合该区域内在位置空间、经济空间、社会空间以及文化空间上包含的优势资源；最后，将所整合的资源进行合理包装，注重地区集合品牌的打造，从而使分散的小区域的滨海领域资源能够凝聚力量，共同发展起来。

3. 从现代生活方式中寻找结合点，发掘滨海旅游特色文化吸引物。滨海区域的旅游不仅仅是对滨海的文化体验，还可以结合当下最时兴的方式，有效发掘滨海旅游多样性。而且现代生活方式的多样化给滨海旅游开发提供了很多新的思路。例如，移动互联网的运用看似与滨海旅游并无太多关联，但事实上，由于移动互联网的不断发展，移动网络终端的功能日趋多样，智慧化旅游已经逐步显现其优势。因此，在滨海旅游开发过程中可以加入有效的智慧展示、智慧解说、智慧教育，更加完整地展现滨海旅游资源的优美风光，也能抓住现代人的注意力，成为开发过程中有效的特色吸引物。

4. 以保护为前提的开发模式才是适宜长久运营的开发模式。滨海区域不同于创造性旅游产物，其自身具有文化属性及生态脆弱性，在开发过程中需要大力保护才能永久不衰。因此，开展滨海旅游开发模式研究的同时应该始终以保护模式为基础。

总之，滨海旅游开发模式多种多样，在旅游开发初期往往需要借鉴一定的成功案例作为自身发展的先导，但是在开发过程中必须结合本土特色和自身开发条件，在有效开发的同时做好保护，形成良好的可持续性发展。相信在未来滨海旅游开发研究中能够更多关注整体开发过程的模式研究，并且在滨海旅游开发实践过程中能够形成一套较为完善的开发体系，从而促使沿海区域这一特殊旅游资源得到更好发展。

第三章　滨海旅游发展战略

改革开放使沿海地区成为我国版图上经济最为发达的区域，本书称其为中国沿海发展脊，但“一脊两翼”并不均衡，陆翼渐丰，海翼乏力。旅游已经成为中国居民的日常生活选项，中国已经进入大众旅游时代，在“515”战略、全域旅游等战略举措的推动下，陆地作为旅游行为的传统空间载体，旅游产业格局正在发生巨大变化。纵览2010年至2017年全国区域旅游发展，东中西三大区之间总体维持“东强西弱”的格局，受益于国家战略、区域合作、交通基础设施的完善，中西部地区旅游业增速近年来高于东部，区域间的不均衡格局呈现出收敛趋势。党的十八大、十九大报告都提出了建设海洋强国战略，从滨海、近海到远洋，中国正在逐步推动蓝色经济的战略举措，旅游业在海洋强国中扮演着独特角色，海翼乏力的局面将得到有效改善。滨海旅游，因其在“一脊两翼”格局中的重要地位，不仅在统筹区域旅游协调发展中具有战略地位，甚至可以担当国家中长期战略的统筹之任。

一、滨海旅游的战略意义

（一）实现陆海联动发展的重要载体

区域旅游协调发展应跳出仅涉及陆地区域的传统束缚，要强调陆海统筹协调的宏观视野，这也是“一带一路”倡议既有陆路又有海路的用意。然而，我国长期的非均衡发展战略，造成了中国沿海发展脊。以沿海发展脊为界，我国经济版图呈现两个不均衡：一是“一脊两翼”不均衡，陆翼渐丰，海翼乏力；二是陆上呈现出东中西逐级递减的不均衡。以经济发展为基础的区域旅游也呈现出不均衡特点。其一，据不完全统计，我国 95%以上的旅游行为和旅游消费发生在陆地，而海洋面积占我国陆地国土面积的比例约 30%，陆海区域旅游发展呈现出严重不均衡。其二，我国区域旅游发展的客源地、目的地和旅游流流动规律均维持着长期以来的不均衡性特征，大体上均呈现“东中西”逐级递减的空间格局，其比例常年维系在“7∶2∶1”的水平，至 2017 年才逐渐向“6∶3∶1”演变。旅游业的产业关联度高，要素流动活跃，能够与东部沿海地区发达的旅游市场高度契合，改变旅游市场多在陆上相互影响的固有模式，将产业形态向海洋拓展，来实现陆海联动发展。而长期海洋旅游规划缺位，导致如下问题：第一，横向的“海—海”同质化竞争严重。由于国家层面规划的缺位，在海洋资源同质化的基础上，我国海洋旅游在产品、市场等方面都呈现出“海—海”雷同的局面，不同海域在产品形态上以洗海澡、吹海风、观海景、吃海鲜的大众海洋观光和低端海滨度假为主；市场不分层次、空间不分档次所带来的低价低质、浪费资源、弱化品牌、抑制高端的不良现象严重；只开发夏季产品、只重视旺季经营导致旅游开发季节性差异悬殊等问题。第二，纵向的“陆—海”统筹联动不足。由于缺乏对沿岸城市及其腹地的文化挖潜、市场研判和产业关联，海洋旅游往往局限于海滨和近海的粗放式开发，呈现出扁平线状、纵深不足、立体不够等缺点，而且产业链封闭独立、与沿岸城市的产业耦合不足。这种“陆—海”统筹联动不足的局面，直接屏蔽了沿海发达地区的辐射带动作用，阻碍了海洋旅游产业做大做强和海洋战略的实施。

（二）顺应沿海产业发展的历史选择

我国已进入优化产业结构、转变发展方式的战略调整期，沿海地区发展海洋经济便是其中应有之意。十八大提出要建设海洋强国的战略目标，进一步将发展空间向海洋拓展。海洋旅游以低碳环保的产业属性，既顺应了沿海地区产业发展的趋势，又将旅游业的发展空间由陆地拓展到海上，成为落实国家战略的历史选择。

（三）完善海洋国土开发的有效手段

相比较陆地的国土开发方式，我国海洋国土的开发形式相对单一，所形成的产业形态以海洋油气、海洋渔业和海洋交通运输业为主。按照海洋产业结构演化的一般规律，发展海洋第三产业为主导的“三二一”产业结构将是主导方向，目前我国海洋产业的结构基本上实现了“三二一”产业格局，但第二产业和第三产业差距较小，海洋第三产业还有较大的提升空间。因此，发展海洋旅游，不仅顺应了海洋产业结构调整的发展趋势，而且扩充了海洋国土的开发方式和内涵，有利于提升海洋地位和陆海联动格局的形成。

二、滨海旅游在“一脊两翼”格局中的战略作用

（一）滨海旅游助力“陆翼”协调发展

1. 滨海地区是我国区域旅游发展的高地①

中国旅游研究院连续多年跟踪研究中国区域旅游的发展态势，作者负责的客源地潜在出游力，自 2010 年以来，一直延续东强西弱的总体格局。研究 2010 年以来的客源地潜在出游力，发现客源地经济发展水平、社会发展水平、居民受教育程度和居民生活质量是主要影响要素。因此，客源地潜在出游力的空间发展格局，能够在一定程度上表征区域旅游的发展程度。

2017 年，客源地潜在出游力在东中西三大区域之间的比例大约为 6.3∶2.4∶1.3，即我国的客源市场有 63%源自东部地区，24%源自中部地区，13%源自西部地区。统计各省（市、区）客源地潜在出游力得分，发现前 10 名的省份除湖南省外，全部分布在东部区域，东部省份中只有海南排在 10 名之外，如表 3-1 所示。

---

① 本节相关数据引自《中国国内旅游发展年度报告（2016—2017）》《中国旅游经济蓝皮书（NO.10）》和《2017 年旅游抽样调查资料》。

表 3-1　2017 年各省（市、区）客源地潜在出游力得分及排名

省（区、市）	潜在出游力得分	排名	省（区、市）	潜在出游力得分	排名
上海	1.0000	1	陕西	0.3099	17
北京	0.9763	2	黑龙江	0.3086	18
广东	0.8456	3	山西	0.2952	19
江苏	0.7381	4	吉林	0.2906	20
浙江	0.7309	5	内蒙古	0.2889	21
山东	0.6503	6	江西	0.2845	22
天津	0.6135	7	海南	0.2732	23
福建	0.5246	8	云南	0.2521	24
河北	0.4983	9	广西	0.2368	25
湖南	0.4368	10	贵州	0.2159	26
辽宁	0.4029	11	新疆	0.1504	27
湖北	0.3901	12	甘肃	0.0906	28
河南	0.3634	13	宁夏	0.0891	29
重庆	0.3412	14	青海	0.0543	30
四川	0.3337	15	西藏	0.0000	31
安徽	0.3212	16			

各省（市、区）旅游目的地发展指数的区域分异依然显著，东部地区由于社会经济发达，旅游产业基础良好，依然是国内旅游目的地的核心区域。2016 年东中西三大区域之间旅游接待量所占比例分别为 43.02%、31.73%和 25.25%，总体呈现“4 ∶ 3 ∶ 3”的格局。

2. 滨海地区可辐射带动中西部地区均衡协调发展①

（1）区域间客源地潜在出游力均衡化趋势逐渐显现

尽管，2017 年客源地潜在出游力仍然变现为东强西弱的空间格局，但从发展趋势来看，东部地区累计潜在出游力所占比重由 2010 年的 70.0%下降到 2017 年的 63.1%，呈现逐年降低趋势。与此同时，

① 本节相关数据引自《中国国内旅游发展年度报告（2016—2017）》《中国旅游经济蓝皮书（NO.10）》和《2017 年旅游抽样调查资料》。

中西部地区所占比重在不断升高，累计潜在出游力所占比重由 2010 年的30.0%提升到2017 年的36.9%，区域之间的差距呈现出明显的收敛趋势。

（2）中西部地区旅游产业化速度高于东部

伴随着西部大开发、“一带一路”倡议、全面建设小康社会、“515”战略、“旅游＋”以及全域旅游等的不断推进，中西部地区旅游产业发展速度不断提升，项目和资本向中西部聚焦的态势正在形成。从数据上看，2016 年中西部地区旅游收入的增长率分别为 20.5%和 22.9%，超过东部地区的 15.6%；旅游人次的增长率分别为 15.1%和 13.4%，超过东部地区的 10.0%，如表 3-2 所示。中西部地区旅游发展的后发效应与比较优势逐渐凸显，区域之间的合作与战略连接为全国旅游业稳健发展提供了保证。

表 3-2　我国东、中、西三大区域旅游产业发展趋势对比

地区 规模	东部			中部			西部		
	2013 年	2015 年	2016 年	2013 年	2015 年	2016 年	2013 年	2015 年	2016 年
入境旅游人（万人次）	14694.69	14077.35	7407.13	1467.69	1465.43	1705.10	2429.14	2836.91	1610.23
国内旅游人（亿人次）	39.77	48.8	47.63	20.13	26.76	35.51	19.91	26.03	28.23
旅游创汇（亿美元）	495.54	543.69	547.34	57.78	64.56	93.56	95.56	110.47	97.53
星级饭店数量（个）	5725	5109	4979	2716	1939	2544	4852	3502	2592
在全国饭店中的比重	0.431	0.484	0.492	0.204	0.184	0.252	0.365	0.332	0.256
五星级饭店数量（个）	521	556	571	95	98	122	123	135	116
旅行社数量（个）	15174	16365	15211	5554	5555	7494	5326	5701	3689

（3）区域间客流互动加强，促使均衡化发展格局显现

区域旅游流空间格局总体稳定，东部地区在旅游客流量和旅游交通便捷度方面均保持较强优势。其中客流量方面依然以东部三大经济区之间、三大经济区与成渝地区之间、长三角与中部地区之间旅游流为主。旅游通道便捷度方面，长三角内部的便捷度指数在区域尺度相对最高，达到 15.69。北京流向天津的旅游流便捷度在省级尺度相对最高，达到 20.63。相较于 2010 年数据，中西部地区的旅游流呈现快速发展趋势，如成渝地区与中部六省之间的客流量在 2010—2017 年间增长了 46.8%，便捷度提升了 45.9%；与环渤海地区的旅游流增长 56.5%，便捷度提升 18.7%；与长三角地区的旅游流增长 39.8%，便捷度提升了 30.6%；与珠三角地区的旅游流增长 93.4%，便捷度提升了 100%。旅游流的快速增长，带动着资金流、信息流、人才流以及文化流的互动发展，为区域间均衡发展起到促进作用。

（二）滨海旅游推动“海翼”战略部署

1. 我国已成为太平洋西岸地区海洋旅游发展的洼地

随着世界旅游经济重心东移，太平洋西岸地区的日本、韩国，特别是东南亚地区海洋旅游业发展迅猛，成为世界上最重要、发展最快的海洋旅游目的地之一。环视四周，无论从发展现状、发展态势，还是相关指标对比来看，我们不难发现这样一个事实：我国已成为太平洋西岸地区海洋旅游发展的洼地与塌陷区。

日本 2002 年推出《海洋产业集群计划》，2007 年出台实施《海洋基本法》。政府加强了对包括海洋旅游资源在内的海洋资源的开发力度，建成了以海洋旅游业为特色的佐世保开发区。海洋旅游成为日本海洋经济的重要产业，与港口及运输业、海洋渔业、海洋油气业共占海洋经济 70%左右的总产值。冲绳岛、北海道等也早已是世界著名滨海旅游胜地。

韩国海洋旅游是海洋开发的重要内容，在其海洋经济和海洋产业结构优化与调整方面有着举足轻重的作用，近年来发展很快。2007 年韩国全国共有各级各类海水浴场 346 个，其中示范海水浴场 35 个。海洋旅游形成以釜山为核心，以首尔、济州岛、庆州等大城市为支

撑，以沿海其他地区为辅助的发展格局。尽管成绩斐然，韩国并未有丝毫懈怠。在第五届韩中沿海地区观光研讨会上，韩国学者提出将黄海打造成东北亚地中海的大胆设想。

东南亚海洋旅游资源丰富，发展迅速，已经成为世界海洋旅游的焦点和热点之一。新加坡的圣淘沙、民丹，马来西亚的柔佛，泰国的普吉岛、帕提亚，印尼的巴厘岛、吉达海滩，菲律宾的科雷吉多岛、薄荷岛，越南的下龙湾等都是世界著名滨海旅游胜地，无论是知名度，还是接待外国游客数量、旅游总收入等旅游经济指标，单体上都远超我国同类型地区。目前，新加坡、马来西亚和泰国海洋旅游业已较为成熟；印度尼西亚、菲律宾发展迅速；文莱发展较为稳定；越南虽尚处于起步阶段，但越南旅游局近日声明将优先发展海洋海岛旅游，并将其作为未来10年旅游重点发展方向。

2. 滨海旅游是实现海洋旅游谋划的战略突破点

当前的现实条件决定，我国海洋旅游开发应本着由近及远的梯级开发原则，即先滨海、再近海、到远海，先内海再外海。具体方针是大力开发滨海旅游，重点发展近海旅游，鼓励发展中海旅游，适度发展远海旅游，滨海旅游是实现海洋旅游谋划的战略突破点。滨海旅游发展的突破口是沿海城市。市场以国内为主，国际为辅；功能定位以滨海观光、休闲为主；消费档次以中档为主，兼顾低档。近海旅游发展的突破口是建设一批富有中国海洋文化特色的旅游度假区。市场以国内中高档游客为主，功能定位以休闲度假为主。中海旅游发展的突破口是海岛。海岛开发初期，在土地使用政策、基础设施建设、环境保护等方面要予以政策扶持，条件具备后交由企业管理、经营。市场定位以国内高端游客为主，国际游客为辅；功能定位以休闲度假、体育娱乐为主；消费档次以高档为主。远海旅游发展的突破口是邮轮旅游和高端装备制造。在我国沿海条件具备的港口城市建设一批国际级邮轮码头，开辟国际邮轮旅游线路；大力发展邮轮游艇、海钓设备、海上直升机等高端装备制造业；市场定位以国际高端游客为主。

三、滨海旅游在“一脊两翼”格局中的战略布局

本书跳出仅涉及陆地区域的传统束缚，在中国沿海发展脊的统筹带动下，用陆海区域统筹协调的宏观视野，借助国家旅游线路和海洋旅游开发等重大战略，丰富、深化“一脊两翼”的战略构思，形成“一脊、六点、五线、四带”的以滨海旅游为统筹的发展战略格局。

（一）布局原则

本着陆海联动、综合开发和序次带动的原则对滨海旅游进行规划布局。

陆海联动原则是指滨海旅游的产品设计、项目策划和产业链打造，要充分考虑沿岸城市及其腹地的社会经济发展现状，依托沿岸城市的产业基础和市场现状支撑带动所辐射区域的海洋旅游发展，同时，通过发展海洋旅游，优化毗邻海岸城市的产业结构和生态环境。

综合开发原则要求充分发挥好滨海区域对近海、中海、远海的战略支点作用，在进行旅游开发时，应综合兼顾整个海洋旅游开发的综合性，包括近海、中海、远海，海空、海面、海底，海洋空间、季节变化、旅游产品的三维耦合，使海洋旅游通过综合开发突出丰度，通过陆海联动突出特色。

序次带动原则意味着滨海旅游开发不能一刀切，要应用“点—轴”理论，寻找中国沿海发展脊上的核心区域、重点城市为辐射带动的极值区域，并结合国家区域发展战略，由点及面，逐步开发。

（二）战略布局

依据上述布局原则，通过未来几年的建设、推广和完善，努力形成“一脊、五线、六点、四带”的以滨海旅游为统筹的发展战略布局，在中国沿海发展脊的统筹带动下，借助有形的陆上旅游线路，突出区域统筹；借助无形的海上线路谋划，突出节点辐射，形成兼顾陆海的区域旅游协调发展格局，如图 3-1 所示。

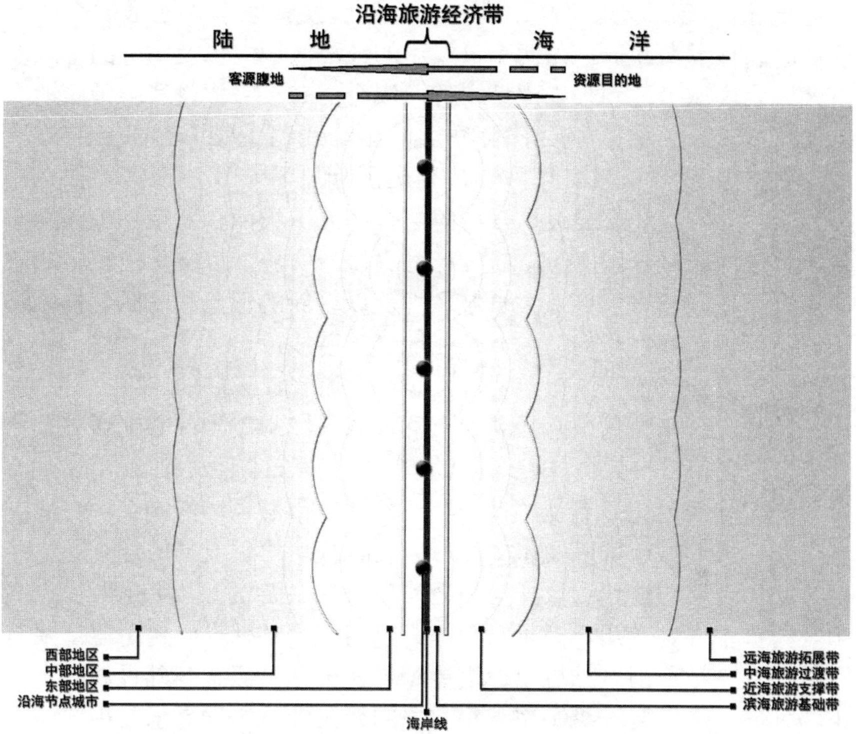

图 3-1　滨海旅游经济带统筹陆海联动战略示意图

1. 一脊。带动陆海两大区域协调发展的滨海旅游经济带。以空中航线、海上航线、沿海高速交通体系连贯我国东部沿海的重要城市群和海洋旅游目的地，依托沿海地区发达的经济社会基础，重点发挥其在市场、资源等旅游要素集散和统筹协调方面的作用。在纵向上，统筹内陆与沿海的产业关联和旅游互补，向内陆做好海洋旅游的宣传与推介，向海洋做好客源市场的保障与供给；在横向上，通过交通体系将已经基本形成的渤海湾旅游带、长江三角洲旅游带、珠江三角洲旅游带、海峡西岸旅游带串联起来，形成贯穿整个东部沿海的旅游线路综合发展带。

2. 五线。串联不同区域实现协调发展的陆上旅游线路。（1）京广大通道旅游线：以京广高铁为核心，综合发挥京广大通道的交通功能，串联环渤海和珠三角两个最发达的经济区域，以及中部的中原经济区、武汉城市群和长株潭城市群，耦合沿海经济成就和中国腹地深厚的华夏文明，打造成为国际知名的旅游线路。（2）万里长城旅游线：进一步发掘长城文化内涵，瞄准国际旅游市场，丰富并扩充产品体系，完善沿线交通设施，统筹整合河北、天津、北京、山西、宁夏、甘肃的长城景区（点），统一谋划、统一实施，以文化内涵将分散的点真正串联起来，打造大长城品牌，以崭新的形象和内涵使传统的长城品牌重新焕发活力。（3）长江综合旅游线：以长江为轴线，统筹整合长江沿线及上下游旅游资源，呼应上游长江三峡的国际旅游品牌与下游长江三角洲的国际知名城市群，以长江水路为核心交通方式，并丰富完善沿江公路与铁路等辅助方式，使长江综合旅游线不仅是旅游要素流动的通道，更是协调长江三角洲城市群、江淮城市群、武汉城市群、成渝城市群以及东中西三大区域板块协调发展的综合通道。（4）丝绸之路旅游线：依托丝绸之路独特的旅游资源，突出西安、洛阳、乌鲁木齐、兰州、酒泉、敦煌、嘉峪关、喀什、吐鲁番等重要节点城市的支撑作用，推进申遗进展，加快产品升级、基础设施配套、市场推广、区域合作机制完善等，并向西延伸，主动寻求与中亚国家的旅游线路对接和跨国旅游合作，将丝绸之路打造成为国际著名文化精品旅游线路，成为世界著名文化旅游品牌。（5）黄河文化旅游线：依托黄河母亲河的品牌，整合提升黄河流经的河南、陕西、山西、山东以及黄河上游的宁夏、青海的山水风光与历史文化资源，将黄河文化旅游线打造成为绿色生态走廊、历史文化走廊、度假休闲走廊。同时，提升旅游线路的综合功能，借助横跨东中西的区位优势，促进东部产业向中西部转移，发挥协调区域发展的功能。

3. 六点。实现陆海区域联动发展的辐射节点城市。根据沿海城市的空间分布特征和经济发展水平，首先遴选大连、天津、上海、厦门、深圳、三亚六个城市作为辐射点，优先发展这些城市所辐射区域的海洋旅游。六个城市分别是东北、华北、华东、海西、华南区域的入海门户和海南国际旅游岛的核心城市，因此在辐射带动其周边海域海洋旅游发展时，要充分体现这些区域的基本特征，从而从宏观层面避免产品和项目的同质化现象。同时，这些城市具备较好的产业基础和港口条件，适宜建设中海、远海旅游的母港和发展对应的海洋旅游装备制造业。正如东部沿海向中西部进行产业转移一样，要充分发挥一脊、六点的辐射带动作用，引导产业要素向海洋空间转移，按照先滨海再远海、先内海再外海的序次开发海洋旅游，并由此形成四条海洋旅游带状发展圈层：滨海旅游基础带、近海旅游支撑带、中海旅游过渡带、远海旅游拓展带。

4. 四带。滨海、近海、中海、远海旅游发展功能带。正如东部沿海向中西部进行产业转移一样，要充分发挥一脊、六点的辐射带动作用，引导产业要素向海洋空间转移，按照先滨海再远海、先内海再外海的序次开发海洋旅游，并由此形成四条海洋旅游带状发展圈层。四带以一脊和六点为基础支撑和保障来源，以海岛为空间载体，以旅游开发的方式在我国东部沿海外围形成岛链和岛群圈层，不仅有利于做大做强海洋旅游业，还具有海防等方面的综合功能，是海洋强国建设的有效途径。四带建设的具体方针是大力开发滨海旅游，重点发展近海旅游，鼓励发展中海旅游，适度发展远海旅游。（1）滨海旅游基础带的突破口是沿海城市。市场以国内为主，国际为辅；功能定位以滨海观光、休闲为主；消费档次以中档为主，兼顾低档。（2）近海旅游支撑带的突破口是建设一批富有中国海洋文化特色的旅游度假区。市场以国内中高档游客为主，功能定位以休闲度假为主。（3）中海旅游过渡带的突破口是海岛。海岛开发初期，在土地使用政策、基础设施建设、环境保护等方面要予以政策扶持，条件具备后交由企业管理、经营。市场定位以国内高端游客为主，国际游客为辅；功能定位以休闲度假、体育娱乐为主；消费档次以高档为主。（4）远海旅游拓展带的突破口是邮轮旅游和高端装备制造，在六个辐射节点城市建设一批国际级邮轮码头，开辟国际邮轮旅游线路；大力发展邮轮游艇、海钓设备、海上直升机等高端装备制造业；市场定位以国际高端游客为主。

第四章　滨海旅游规划思路

在大众旅游新时代、全域旅游新方位背景下，旅游规划在区域旅游发展中的地位和作用日益凸显。但是，现阶段专业机构过度商业化忽略了理论提炼和学术研究，导致旅游规划呈现出“唯经验”“唯方案”“唯数据”等倾向，已严重制约了其应有的指导作用。滨海旅游在这样的背景下，也面临着规划与实践相脱离的状况。为此，需要认真分析全域旅游和旅游规划的内涵和阶段性特征，有效指导滨海旅游的健康有序发展，制定出科学合理的规划思路。

一、旅游规划的地位作用与实践问题①

（一）旅游规划在旅游发展中的地位和作用日益凸显

1. 旅游规划的历程决定了其在旅游发展中的指导地位

有别于国外因旅游发展出现问题才倒逼旅游规划的历程，中国的旅游规划一开始就是先于旅游发展的。1979 年，邓小平在“黄山讲话”中提到“发展黄山旅游业，省里要有个规划”。这是国家领导人最先提出的旅游规划问题，也被称为中国旅游规划的起源。此后，国家级旅游发展规划便每隔五年编制一次。伴随着国民经济其他领域的规划建设的开展，旅游专项规划也应运而生：国土规划拉开区域旅游规划序幕、风景名胜区建设推动风景区规划发展、森林公园建设促进生态休闲旅游区规划、度假区发展拉动旅游度假区规划、城市规划和

① 资料引自：戴斌，吴丰林. 旅游规划再审视，旅游发展新思维，《旅游内参》2017 年第 21 期。

“创优”工程推进城市旅游规划、项目申报制度加强了旅游项目规划。

随着旅游规划在旅游发展中的地位和作用不断显现，国家旅游主管部门开始主导推动旅游规划的规范化、标准化进程。“十五”期间，相继出台了《旅游发展规划管理办法》《旅游规划设计单位资质认定暂行办法》《旅游规划通则》。2013 年《中华人民共和国旅游法》颁布实施，明确规定了旅游发展规划的编制主体、规划内容、规划原则、规划衔接、规划评估等方面要求。从此，旅游规划实现了有法可依，并正式成为国家法定规划，与城乡规划、土地规划、空间规划和环境保护规划等传统规划，具有同等法律地位。

2. 旅游发展的时代背景将进一步凸显旅游规划的指导地位

适应大众旅游时代的旅游消费新特征和旅游转型升级的内在需要，全域旅游理念应运而生。全域旅游的提出，为旅游规划提出了新的要求。简言之，旅游规划已不能只关注旅游系统本身，必须跳出旅游看旅游，从更广的区域空间和视野来审视旅游发展，旅游规划必须成为“多规合一”的重要组成部分，甚至在某些地区，应处于统领“多规合一”的核心地位。

十九大报告明确了我国社会主要矛盾已经转化为人民日益增长的美好生活需要和不平衡不充分的发展之间的矛盾。旅游是人民美好生活需要的主要载体，旅游业在解决现阶段社会主要矛盾方面被赋予了新的历史使命：要从供需关系角度，努力丰富美好生活的产品供给和服务质量，努力破解旅游业发展的区域性和结构性不平衡不充分问题。旅游发展，规划先行。旅游发展的时代背景给旅游规划提出了新的要求，也必将进一步凸显旅游规划在旅游发展中的指导地位。

（二）旅游规划的实践问题

经过多年的旅游规划实践和探索，旅游规划正逐步走向成熟，但仍存在一些普遍性的问题：战略对策通用化、产业定位虚置化、区域定位空泛化、市场定位板块化、产品开发雷同化、市场促销套路化。近年来，来自以下发展态势的冲击，旅游规划面临着较大挑战并呈现出新的问题，影响了对地方旅游发展的科学指导。其一，专业机构过度商业化而忽略了理论提炼和学术研究，偏离了旅游规划的根本价值指向；其二，全域旅游从发展理念、战略思维和规划方法等方面，对长期以《旅游规划通则》为导向的旅游规划带来了较大挑战；其三，近些年伴随着旅游市场的持续向好和其他相关领域的发展萎缩，城市规划、建筑设计和景观设计等领域的规划咨询企业与人员纷纷跨界进入旅游规划领域，导致旅游规划编制单位鱼龙混杂；其四，大数据、遥感等科技发展与旅游规划结合，强烈影响着传统旅游规划的技术流程和规划范式。

分析现阶段旅游规划现状，主要呈现以下三种类型，旅游规划在实践中存在的问题也体现其中。

第一类，经验至上，望闻问切。这类规划约占规划市场的 70%，主要特点是：严格按照《旅游规划通则》,“资源与市场、定位与目标、产品与项目、形象与营销、保障与措施”等内容一应俱全，但漠视相互之间的逻辑支撑，各部分的观点全靠“拍脑袋”“老师拉活，学生干”“分工完成，机械组装”。凭经验而来的规划方案，主观和随机性太强，或许符合旅游发展的宏观规律，但未必符合特定区域的旅游发展现实。比如，休闲度假是旅游业发展的整体趋势，但并不适合西部旅游发展刚起步的地区；由旅游来统筹引领社会经济发展是适合发展全域旅游地区的主要做法，但在工业经济发达的地区未必适合；强调政府的主导地位是旅游发展的一般经验，但并不适用于市场主体已经高度发达的地区。

第二类，方案至上，暴力规划。这类规划约占规划市场的 20%，主要特点是：漠视宏观背景分析和旅游产业发展规律，直奔规划场地，为了规划而规划，片面追求空间美学，机械参照市场趋势，生硬照搬成功案例，一味追求标新立异，一刀切的“高大上全”。为了方案而规划，其规划方案自然就不能因地制宜。比如，在传统村落规划布局宏大的广场；在宗教地区突兀地规划建设高大的玻璃墙幕建筑；漠视区域协同发展，不考虑旅游产业规模和体量，全都按照独立的目的地高标准全要素规划布局旅游项目；不考虑地理要素，一味追求空间美学，规划布局庞大的“龙形”“如意形”水系等。

第三类，数据至上，逻辑推演。这类规划约占规划市场的 10%，主要特点是：重视旅游数据，挖掘旅游数据所表征的旅游发展逻辑和脉络，通过逻辑推演、自然顺承，设计规划方案。这类规划基于对数据和技术的综合分析，其规划方案往往有的放矢，相对能够科学、高效指导地方旅游发展。但是，在旅游数据失真和片面突出数据重要性时，也容易导致规划方案的形而上；同时，规划文本容易出现学术论文化倾向，甲方口中的“逻辑严密”，往往在乙方看来“无所适从”。

二、全域旅游纵深化发展提出的新要求

全域旅游是适应大众旅游的时代需求、完善旅游发展供给侧短板的重要手段。近年来各地发展全域旅游的积极性空前高涨，取得了明显成就，区域旅游发展水平不断提升。受起步阶段及各地旅游资源和发展水平差异等客观因素影响，目前尚存在对全域旅游认识有待深化、短期功利性导向有所显现、市场参与度有待提升及改革创新不足等问题。这些新问题的出现，为全域旅游和滨海旅游发展提出了新的要求。

（一）全域旅游指导下地方旅游创新格局持续优化[①]

1. 全域旅游推动了旅游管理机制体制改革，初步形成了旅游行业综合管理的新格局

截至 2016 年 10 月底，全国已有 17 个省区市成立旅游发展委员会，有 34 个设区市和县成立了旅游警察，10 余个设区市和县成立了工商旅游分局，50 多个设区市和县成立了旅游巡回法庭。实践证明，以“综合协调＋专项保障”为特征的旅游发展委员会、旅游警察、旅游巡回法庭、工商旅游分局，有效实现了从旅游景点管理向区域旅游综合管理的转变。如重庆南川区，构建了旅游部门、交通部门、商务局、属地单位、景区项目业主等各部门各司其职的任务分工格局，形成了由多部门构成的全域旅游管理组织机构体系。据统计，2016 年上半年全国旅游投诉举报总量较 2015 年下半年下降 12.42%，媒体曝光

① 资料引自：戴斌，李雪. 全域旅游的阶段成就与纵深化发展建议，《旅游内参》2016 年第 22 期。

及负面评价指数下降了 13.52%。

2. 全域旅游深化了旅游供给侧改革，有效解决了供给侧配套不足等问题

在落实全域旅游发展过程中，各地从适应需求侧多元化、市场消费升级的旅情出发，统筹协调区域内各类资源，充分调动文化、教育、体育、医疗、农林、工矿、水利、交通等其他行业向旅游产业融合的积极性与主动性。从效果上看，着力开发一批面向本地和外来游客双重需求的产品业态，优化包括旅游公共服务和治理能力在内的旅游产品供给结构，形成了符合多元化旅游市场消费需求的产品供给环境和供给形态，补充了旅游供给方面的短板。各地还不断推动导游向法治化、市场化管理转变，如湖南长沙和张家界、广西桂林、海南三亚等地已正式启动导游自由执业改革工作，建立了导游与游客双向自主的供求关系，有利于解决供给型导游管理体系无法适应现代市场需求的现实矛盾。

3. 全域旅游不断释放社会投资旅游的热情，旅游发展基础得以夯实

据统计，全域旅游创建工作启动之后，2015 年全国旅游业实际完成投资 10072 亿元，比启动之前的 2014 年增长 42%，增速提高了 10 个百分点。2016 年上半年旅游投资 4211.5 亿元，较 2015 年同期增长约 30.5%。随着全域旅游工作深入推进，各地旅游发展环境日趋完善、旅游支撑保障体系日益健全，社会和市场投资旅游的热情不断释放。2015 年，新疆在建旅游项目 680 个，完成旅游投融资 380.36 亿元，比 2010 年增加近 6 倍。内蒙古鄂尔多斯连续出台文化旅游产业发展促进措施，不断激发旅游市场活力，实现了煤炭、房地产、化工、大型商贸等本土企业转型投资旅游业，推进区域旅游发展。

4. 全域旅游引导全民、全社会参与，国民幸福指数不断提升

全域旅游通过横向上的区域空间和全社会成员参与，以及纵向上的全产业参与，使当地的历史、文化、风俗和大街小巷、社区空间，乃至居民原本闲置的住宅和院落、家庭主妇的拿手私房菜等都变成旅游资源和旅游产品，实现了多产业领域向旅游业的延伸与跨界。

浙江安吉县以美丽乡村建设为主导带动全域旅游发展，实现了环境、空间、产业和文明相互支撑，一二三次产业整体联动与城乡一体有机链接的多赢局面。四川北川县采取“企业＋合作社＋农户”等模式，鼓励农民以土地、资金等方式入股，积极开办特色农家乐、营销特色农产品，通过“推动农房变客房、产品变商品、上山变上班”等方式累计带动 1813 户、5440 人实现脱贫致富。事实上民众不仅成为全域旅游参与者、建设者，更成为受益者、共享者，更加充分地享受全域旅游带来的改革红利。

（二）旅游发展创新实践对全域旅游提出了新要求

1. 需要进一步深化对全域旅游内涵与本质的认识，不能只停留在空间上的“全域”

在开展全域旅游过程中，地方政府对全域旅游的理解是否透彻，是否具有清晰的发展思路，直接决定着全域旅游工作的方向正确与否。对于发展全域旅游的地方领导，需要从资源上进行统筹，把他们纳入全域旅游体系中来。需要调动区域内所有行政、市场、公众服务等资源，服务于旅游业发展。有些地区对全域旅游的理解仅停留在空间上“全域”的概念化和标签化层面，过于在“全域”二字上下功夫，忽视了旅游业的本质特征。

2. 需要扭转短期功利性导向，准确把握符合当地实际的全域旅游发展要点

受经济发展水平、人口聚集密度、旅游资源分布等因素影响，并非所有的区域都适合发展全域旅游，如对于大多数旅游欠发达地区，旅游产业往往没有能够在地方社会经济发展中承担更为关键的作用，发展环境保障不够、旅游产品供给不足一般是这些地区旅游产业发展的主要障碍。如何在因地制宜、统筹谋划的基础上，通过对多元化资本的吸收和能量释放，深入挖掘旅游核心资源，打造和创建适应旅游市场消费需求的核心产品，是这类地区发展全域旅游需要迈出的第一步。在实际发展过程中，有些地区盲目跟风、追求形式，仅围绕几项创建指标去做，而不是从自身所处阶段出发去探索适合当地实际的路子，背离了全域旅游发展的初衷。

3. 需要进一步强化市场机制，提升市场参与程度

与现阶段景区景点式旅游相比，全域旅游意味着门票经济的逐渐破解，以及旅游公共服务设施的巨大投入和完善。现阶段，在公共服务设施配置过程中，一般都是政府直接投资，而市场参与严重不足。此外，企业在旅游资源整合、旅游产业融合、旅游项目开发、旅游区域运营等领域的主导和主体作用也尚未充分发挥。

4. 需要打破传统思维定式，持续深化全域旅游改革创新

全域旅游是对现阶段“景点旅游”和“门票经济”的变革，需要在旅游发展理念、旅游规划编制、旅游管理机制体制、旅游公共服务和治理能力等方面推进改革创新。受地方领导任期及全域旅游所处起步阶段等客观因素影响，各地在编制全域旅游规划和实施方案时，往往仍是偏重项目，没有体现全域旅游的本质要求和变革思想。部分地区存在换人不换理念、换牌子不换体制、换机构不换机制等表面化和形式化问题。

三、基于系统论与杠杆原理的滨海旅游规划思路

相比较国土规划和城市规划等注重地物要素在功能和空间上的布局，旅游规划具备更多的人的主观性。旅游规划的设计主体是规划专家团队，核心对象是在客源地和目的地之间行走的游客，实施主体是地方政府或者掌控市场主体的企业家，成果的评审者是不可避免具有主观性的专家学者。因此，旅游规划方案更加不可控，在《旅游规划通则》仅规定了规划内容和深度的背景下，旅游规划出现本章所述的问题几乎不可避免。为了更好发挥旅游规划对区域旅游发展的指导作用，需要旅游规划的设计主体和实施主体统一思想，在以下两个方面实现突破。

（一）系统解析旅游发展的逻辑与脉络

我国旅游发展的早期阶段，接待外宾是主要功能，旅游系统相对封闭。在大众旅游时代，尤其是全域旅游背景下，旅游系统已经变成完全开放的地域系统，是镶嵌在宏观区域系统中的子系统，旅游系统与所处的区域系统之间关系密切、要素流动频繁。做好旅游规划和

谋划区域旅游发展，首先要对旅游系统进行内外部的系统解析，从中梳理出旅游发展的逻辑和脉络。第一，区域系统。主要包括社会、经济、环境，以及数据表征的现状特征。第二，旅游系统。主要包括目的地、客源地和旅游流，以及由数据表征的现状特征。第三，旅游系统与区域系统的关系。主要包括从传统单一旅游系统的开发，到全域旅游开发，旅游系统与区域系统的空间、内涵、逻辑耦合关系，由数据表征的旅游产业与其他产业的关系，旅游发展与经济发展、社会就业、可持续发展的关系等，如图 4-1 所示。

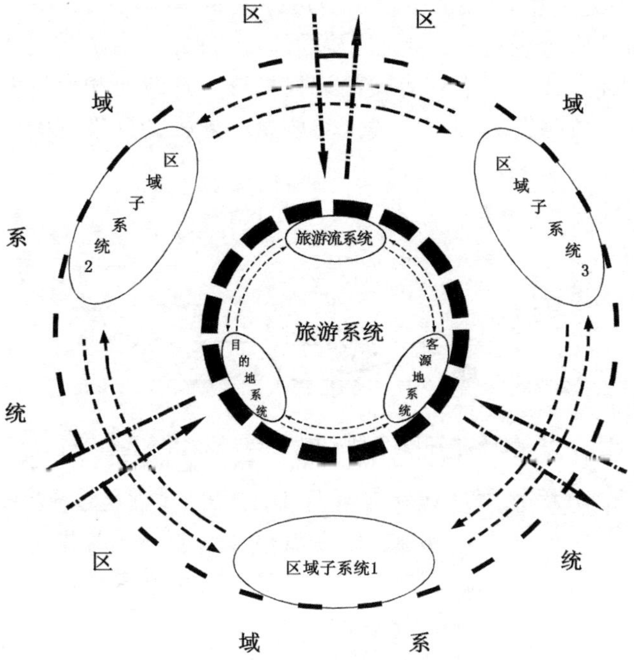

图 4-1　旅游系统与区域系统的逻辑关系

对旅游系统进行系统解析，是找准旅游发展在国民经济、宏观区域中发展定位的最有效手段，也是制定科学规划方案的基本前提，应当成为一切旅游规划的必要流程。

（二）逻辑解构旅游发展的思路与步骤

鉴于旅游系统的开放性和复杂性，以及旅游规划和旅游发展具备更多的人的主观性特点，对地方政府而言，发展旅游往往无从下手。尤其在全域旅游背景下，旅游发展已不再只是旅游部门自己的事，如何从更高的行政部门来协调各部门之间的关系，思路清晰地推动旅游发展，已成为摆在旅游规划编制单位和旅游发展主管部门面前的重要问题。

古希腊科学家阿基米德曾说过："假如给我一个支点，我能把地球撬动。"由此引申，可将旅游发展进行逻辑解构，梳理出思路与步骤，用以指导旅游规划和区域旅游发展。简言之，旅游发展就是充分分析宏观基础，找准支点和有效的调控杠杆，在政府和市场两只手的共同作用下，按照发展战略路线，将旅游产业推动到设定的定位与目标处，如图 4-2 所示。

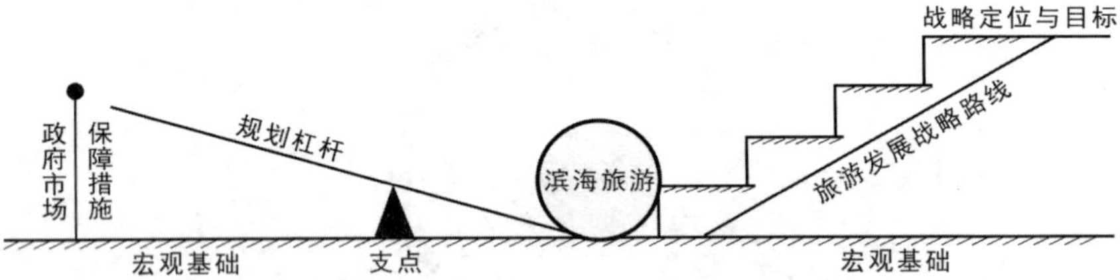

图 4-2　基于杠杆原理的旅游发展与规划逻辑解构图

第一步，分析发展现状和宏观基础，回答"我是谁""我在哪"的问题。旅游发展的产业规模、资源禀赋、客源市场等指标可以表征旅游产业发展的基本现状。当地的社会经济发展水平和旅游发展政策等指标可以表征旅游发展的宏观基础。

第二步，谋划发展定位和战略路径，回答"到哪去""怎么走"的问题。旅游产业与客源市场的未来发展趋势、现状和旅游产业的规模与体量等可以表征旅游产业的发展定位。潜在旅游投资的规模与来源、国民经济和社会发展的宏观支撑，以及政府发展旅游业的决心与意愿等可以表征旅游发展的实施路径。

第三步，找准突破重点和规划手段，回答"发力点""咋发力"

的问题。旅游产业发展的阶段评判、旅游业在社会经济和区域发展中的地位，以及产品与项目在区域中的竞合关系等可以表征旅游发展的突破手段。当地财政的收支水平、营商环境和机制体制等可以表征旅游发展的突破重点。

第四步，制定落实方案和保障措施，回答“谁操作”“咋保障”的问题。当地旅游市场主体的规模与体量、旅游主管部门的体制机制、地方法规文件的健全情况、旅游人才储备等可以表征政府与市场在旅游发展中的配合与互动。

下篇　规划实证

【篇首语】

依据本书上篇关于滨海旅游发展的理论梳理和战略解析，尤其是基于系统论和杠杆原理构建的滨海旅游规划思路，本篇以作者主持的《南黄海东凌湖旅游产业融合发展规划（2015—2030）》为规划实证，对相关发展理论、发展战略和规划思路进行实证展示，以期通过理论分析与实证案例相结合的方式，为我国滨海旅游开发提供新的规划理念和思路，使规划方案更加有的放矢，以更好地服务于滨海旅游产业发展。《南黄海东凌湖旅游产业融合发展规划（2015—2030）》于2015年评审通过，作为本书的规划实证，意在提供一种新的规划视野和思路，并不在规划内容本身。因此，本书尽可能保留原规划内容，未进行也没必要进行数据更新。

本篇包含五章内容，分别是：第五章，系统解析；第六章，宏观基础和发展现状，回答“我是谁”“我在哪”的问题；第七章，谋划发展定位和实施路径，回答“到哪去”“怎么走”的问题；第八章，找准突破重点和调控手段，回答“发力点”“咋发力”的问题；第九章，制定落实方案和保障措施，回答“谁操作”“咋保障”的问题。

第五章　南黄海东凌湖滨海旅游发展：系统解析

本章对南黄海东凌湖片区的旅游发展进行宏观的系统解析，这是对该片区进行科学规划的前提。对旅游系统进行系统解析，是找准旅游发展在国民经济、宏观区域中发展定位的最有效手段，也是制定科学规划方案的基本前提，应当成为一切旅游规划的必要流程。严格的旅游发展系统解析，需要充分分析旅游系统、区域系统，以及两者之间的耦合关系。其中，区域系统分析，包括社会、经济、环境，以及数据表征的现状特征；旅游系统分析，包括目的地、客源地和旅游流，以及由数据表征的现状特征。两者的耦合关系，包括从传统单一旅游系统的开发，到全域旅游开发，旅游系统与区域系统的空间、内涵、逻辑耦合关系；由数据表征的旅游产业与其他产业的关系；旅游发展与经济发展、社会就业、可持续发展的关系等。针对具体的规划案例，可对系统解析进行适当调整，分析主要特征、寻找主要关系，以求从宏观上回答规划区旅游发展的基本内外部关系。

南黄海东凌湖区域，位于江苏省南通市如东县大豫镇，滨海旅游发展几乎是一片白地。因此在进行系统解析时，关于旅游系统，应重点对规划区不同层级旅游资源进行梳理、对潜在资源类型和周边同质景区进行竞合分析；关于区域系统，应重点对规划区所处的宏观区域的区位交通、经济社会、历史文化等宏观基础进行综合分析；关于耦合关系的综合研判，应结合旅游系统和区域系统的分析结果，重点为规划区未来旅游发展的宏观形势进行判断，可采用传统的 SWOT

分析模型。

一、区域系统解析

（一）区位交通

南黄海东凌湖区域，位于江苏省南通市如东县大豫镇。如东县地处长江三角洲北翼，位于江苏省东部和南通市域东北部，东濒黄海，与日本、朝鲜隔海相望；南依长江，与苏、锡、常、沪隔江为邻，紧靠南通市通州区；西连长江流域的内陆地区，与如皋市接壤；北连苏北平原，与海安县毗邻。如东县是江苏省综合交通规划“四纵四横”通道中的“纵一”通道与“横三”通道的交汇处。

如东县内部交通便捷，2014 年实现了“三横三纵”的对外交通布局。县内铁路、公路、港口等各类交通设施交错，形成紧密的交通网，表 5–1 展示了如东县内交通状况。交通条件优势为如东县的发展提供了有力保障，以三洋铁路为例，三洋铁路横跨豫皖苏 3 省 13 个地级市、27 个县（区），西起河南三门峡市，东至江苏洋口港，全线总长 1100 公里，总覆盖近 1 亿人口，投资约 360 亿元，是亚欧大陆桥的分支，堪称江苏省与中西部连接的第二条陇海铁路，有望接入“一带一路”，为其增添新的通道。三洋铁路的建成将拉近包括南通市在内东部城市与中西部的距离，大大缩短交通时间，还可提高其作为长三角向中西部地区发挥辐射拉动作用的重要节点城市的地位，加速中部地区与长三角的融合，同时为洋口港提供腹地，对拉动豫中、皖北和苏中地区经济发展具有重要意义，势必会为项目区所在地注入新鲜活力。

如东县内外部连接性强，进入港桥时代的如东，区位条件进一步优化。表 5–2 为自如东县至长三角主要城市的交通时间表，交通设施的不断完善使如东融入上海、苏南一小时经济圈。畅通的交通路网和完善的港口集疏运体系，将如东与大江南北融为一体，让如东由交通末梢一跃成为重要的交通枢纽。

表 5-1　如东县交通基础设施发展现状

交通类型	交通状况	总体判断
铁路	海洋铁路，自海安至洋口港，全长 77 公里，国铁二级	优
	三洋铁路，自三门峡经海洋铁路至洋口港，全长 1100 公里，有望纳入国家“十三五”铁路网规划	
	设栟茶、如东两个客运站及北渔货运站，K8463 和 K8464 已开通客运	
	二期计划建设跨海大桥，连接洋口港与阳光岛	
	远期建设洋口港至吕四港的铁路，形成环绕南通地区的铁路网	
高速	通洋高速，连接南通至洋口港，一期工程南通至如东段 2014 年建成	良
	海启高速，自海安经如东至启东，2014 年开工建设	
国道 省道	国道 328、228	良
	省道 221、222、223、225、334、355	
内河	如泰运河、栟茶运河、江海河、通栟线、掘苴河、四贯河	优
航空	南通兴东机场：距离 40 公里 上海虹桥国际机场：距离 140 公里	良
港口	渔业港口：洋口渔港（国家级中心渔港）、刘埠渔港（在建一级群众渔港）、东凌渔港	优
	综合港口：洋口港	
公共交通	县内城市公交 5 条、城镇客运班线 20 条、镇村公交班线 7 条，城乡客运一体化通达率达 83%	优
	县际班线 14 条，10 条去往南通市区；市际班线 18 条，13 条去往苏南，2 条去往苏中，3 条去往苏北；省际班线 10 条，6 条去往上海，3 条去往浙江，1 条去往山东	

数据来源：《如东交通行业发展战略研究》，以及百度百科“如东县”。

表 5-2　自如东县至长三角主要城市时间表

长三角城市	距离（公里）	时长（小时）	
		自驾	普通火车
上海	177	2.5	10
南京	292	3.5	6
无锡	170	2	8
扬州	210	2.5	4
徐州	484	5.5	8
常州	189	2.5	8
苏州	156	2	9
连云港	362	4.5	8
宁波	352	4.5	12
杭州	294	3.5	10
湖州	239	3	9
舟山	425	5.5	13
绍兴	316	3.5	12

数据来源：百度地图搜索。

（二）经济社会

1. 经济运行总体平稳

《2014 年如东县国民经济和社会发展统计公报》数据显示，如东县 2014 年全年实现地区生产总值 615.51 亿元，按可比价计算，比上年增长 10.2%；实现财政总收入 128.34 亿元，比上年增长 25.3%；公共财政预算收入 50.01 亿元，比上年增长 23.0%。县域经济基本竞争力连续 12 年跻身全国百强县（市）行列。

图 5-1 为 2000—2013 年如东县人均 GDP 和全国人均 GDP 增长比较分析图。2000 年至今，如东县 GDP 年增速一直高于全国平均水平。自 2005 年开始，人均 GDP 绝对数也高于全国平均水平。“十五”期间，全国人均 GDP 年均增长 12.54%，如东县人均 GDP 年均增长 15.78%；“十一五”期间，如东县人均 GDP 年均增长 19.86%，全国

人均 GDP 增长 16.17%；“十二五”期间，如东县人均 GDP 年均增长 15.21%，全国人均 GDP 增长 11.77%。纵观近 10 年来经济发展数据，如东县域经济平稳较快发展，显示出较强的经济竞争力。

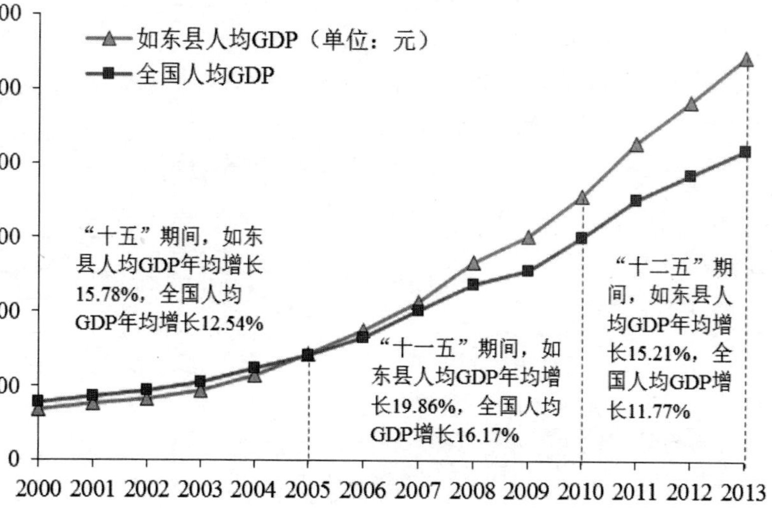

图 5-1　如东县人均 GDP 连年增长折线图

数据来源：《如东统计年鉴 2013》《中国统计年鉴 2014》。

2. 三大产业协调发展

2014 年如东县实现第一产业增加值 65.30 亿元，比上年增长 3.4%；第二产业增加值 297.11 亿元，比上年增长 10.2%；第三产业增加值 253.10 亿元，比上年增长 12.2%，三次产业增加值比例为 10.6∶48.3∶41.1，如图 5-2 所示。预计，三次产业结构调整为 11∶48.8∶40.2，其中服务业增加值占 GDP 比重首次突破 40%，同比提高了 1 个百分点。第三产业对全县经济增长的贡献率为 51%，拉动 GDP 增长 5.2 个百分点。

根据《如东县 2015 年政府工作报告》相关内容，2014 年如东县产业结构继续优化、协调发展。第一，现代农业发展步伐加快。粮食生产实现十一连增，获评全国粮食生产先进县；农业机械化水平达

84%，成功创建全国平安农机示范县。第二，工业经济稳中有进。2014年如东县实现工业应税销售730亿元，同比增长18.2%；新兴产业、高新技术产业产值占规模工业产值比重分别提高0.8和1.3个百分点。实现建筑业施工产值540亿元，同比增长21.9%。第三，服务业发展提档增速。生产性服务业投入占服务业投入比重达52%，9个市县级服务业集聚区建设进展顺利。如东县2014年实现旅游收入30亿元，获评“2014中国最佳海滨旅游城市”。

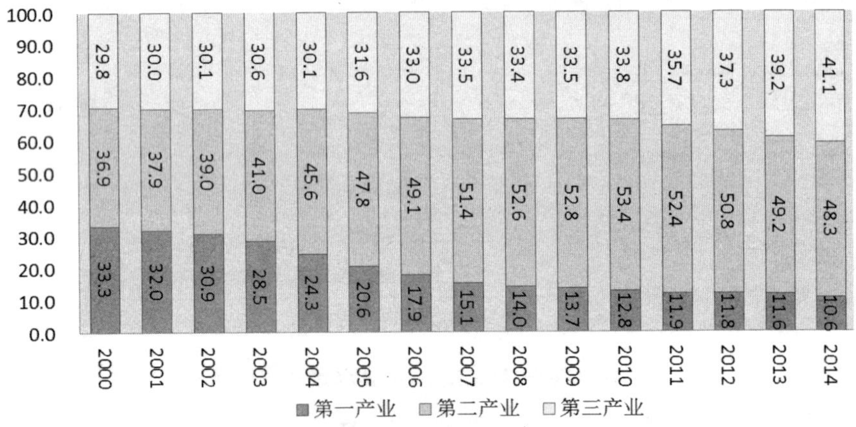

图 5-2　2000年以来如东县产业结构时序变化

数据来源：南通市统计局。

3. 城乡居民收入稳步提高

如东县近十年来城乡居民收入一直稳步增长，2014年县城镇居民人均可支配收入和农民人均纯收入分别达到31644元和14453元，同比分别增长7.4%、10.7%，约为2005年人均收入的三倍。相比之下，国家统计局数据显示，2014年我国城镇居民人均可支配收入为28844元，农村居民人均纯收入为9892元，分别比如东县人均收入低2800元和4561元。图5-3和图5-4显示，自2005年至2014年如东县城镇居民人均可支配收入和农村居民人均纯收入均在全国平均水平之上，增速也与全国持平甚至高于全国平均水平，可见如东县居民尤其是农村居民生活水平正逐步改善。

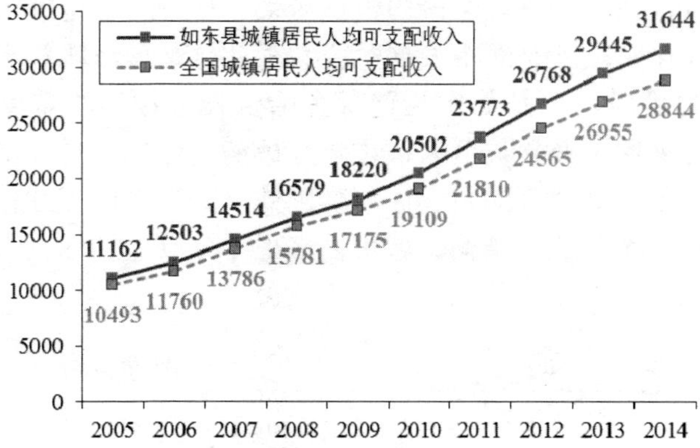

图 5-3　如东县城镇居民人均可支配收入与全国对比

数据来源：《如东统计年鉴 2013》《中国统计年鉴 2014》。

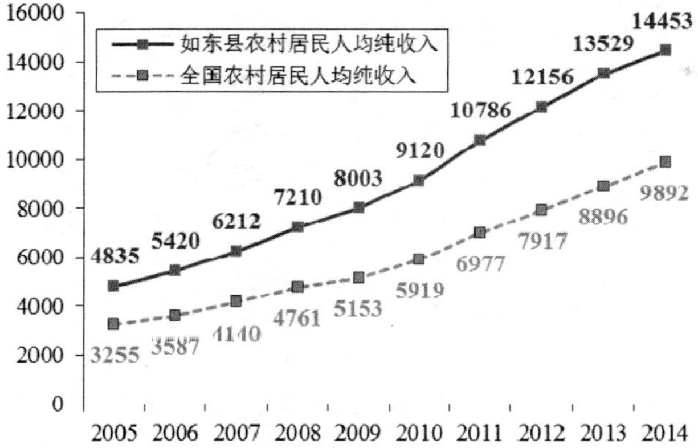

图 5-4　如东县农村居民人均纯收入与全国对比

数据来源：《如东统计年鉴 2013》《中国统计年鉴 2014》。

4. 经济发展阶段处在工业化中期，未来向工业化后期迈进

城市经济发展具有阶段性规律，处在不同发展阶段的城市经济有着完全不同的产业结构特征、支柱产业选择和经济发展驱动力。经济发展的阶段性规律表明，在近代经济发展过程中，由于工业越来越成为区域经济发展的主导产业部门，工业的发展在整个国民经济中处

于核心地位，在一定发展阶段内，城市工业化过程就是城市经济发展过程，工业化阶段就是经济发展阶段。工业化是城市化和现代化发展不可逾越的阶段，也是如东县跻身全国百强县行列的重要保障。因此，完全可采用工业化程度来描述、分析和判断如东县经济发展所处的阶段。为了提高评判的科学性和准确性，分别采用工业化程度、城市产业结构、城市就业结构、城市化水平 4 项具体指标判断如东县经济发展阶段，如表 5-3 所示。

表 5-3 如东县经济发展阶段判断标准与结果分析表

判断指标	工业化初期	工业化中期	工业化后期	后工业化阶段		
人均 GDP（美元）	3000	3000～10000	10000～15000	＞15000	8767.88	工业化中期
第三产业增加值占 GDP（%）	10～30	30～60	上升	上升	39.18	工业化中期
第一产业劳动力比重（%）	80～60	60～30	30 以下	下降	23.45	工业化后期
第二产业劳动力比重（%）	10～20	20～35	35 以上	下降	49.13	工业化后期
第三产业劳动力比重（%）	10～20	20～40	40 以上	上升	27.42	工业化中期
城市化水平（%）	10～35	35～60	60 以上	上升	51.14	工业化中期

（1）从人均 GDP 指标分析，2013 年如东县 GDP 为 536.03 亿元，常住人口 98.36 万人，人均 GDP 为 54431 元，按照 1 美元折合人民币 6.21 元的标准计算，折合 8767.88 美元，据此判断如东县在工业化中期。

（2）从城市产业结构指标分析，选用第三产业增加值占 GDP 比重结构性指标判断可知，2013 年如东县第三产业增加值占 GDP 的比重为 39.18%，在工业化中期指标的区间值内，从产业结构角度判断如东县目前处在工业化中期阶段。

（3）从城市就业结构指标分析，根据如东县统计年鉴数据汇总，2013年如东县从业人员总数为63.10万人，其中第一产业劳动力14.80万人，第二产业劳动力31.00万人，第三产业劳动力17.30万人，第一、二、三产业就业结构为23.45∶49.13∶27.42。其中，第一、二产业比重均集中在工业化后期相应区间内，第三产业比重在工业化中期相应区间内，总体判断如东县处于工业化中后期阶段。

（4）从城市化水平指标分析，2013年如东县的城市化水平为51.14%，在工业化中期指标的区间值内，体现出如东县处在工业化中期阶段。

5. 经济社会水平在江苏省处于中游位置

江苏省统计局显示，2013年江苏全省地区生产总值为59161.75亿元，占全国10.4%。江苏三大区域——苏南地区（南京、无锡、常州、苏州、镇江）、苏中地区（南通、扬州、泰州）、苏北地区（徐州、连云港、淮安、盐城、宿迁）经济社会发展依然存在差距，2013年三区域人均GDP分别为110051元、68897元、45444元，三者均高于全国人均GDP数值，但苏南地区人均GDP分别是苏中和苏北地区的1.6倍和2.4倍，人均公共财政收入情况类似。

江苏省三大区域居民收入的差异情况与地区生产总值呈现类似特征。苏南地区城镇居民人均可支配收入为江苏省平均水平的1.2倍，而苏中和苏北地区均在全省平均水平之下。三大区域农村居民人均纯收入分别为19107元、14375元、11769元，可以看出苏北地区的农民收入明显偏低，而苏中和苏南均高于平均水平。总体来看，江苏省的南部、中部、北部（苏南、苏中、苏北）三大区域之间仍存在着较大的差距。苏南地区发展较快，苏中适中，苏北较慢，由此将江苏省的经济发展划分成阶梯状。

根据《江苏省统计年鉴2014》，如东县经济社会水平在江苏省45个县（市）中处于中游位置。具体地说，人均地区生产总值名列20位，人均公共财政预算收入名列28位；城镇居民人均可支配收入名列15位；农村居民人均纯收入名列20位。可见，如东县经济社会水平目前在江苏省处于中游位置，但地理位置优越，地处沿海同时紧邻苏南区域，相信在沿海战略和苏南区域带动的双重作用下，如东县的社会经济发展潜力巨大。

（三）自然资源

1. 气候

东凌湖所在的如东县气候属亚热带海洋性季风气候区，受海洋的调节和季风环流影响，四季分明，气候温和，降水充沛，光照充足，无霜期长。如东县总的气温特点为：春季气温高，夏季无酷暑，秋季气温低，冬季为暖冬，全年平均气温 15℃，是最宜于人类生活和作物生长的地区。

2. 土壤

如东县地形平坦，坡度较小，土壤承载力较大。镇内土壤分为潮土、盐土、水稻土 3 个土类，其中潮土面积最大。潮土透水性、保水性、保肥性能均较强，是比较理想耕地。大如东县有农用地 14.33 万公顷，建设用地 3.13 万公顷。全县海岸线长达 106 公里，滩涂面积 6.9 万公顷，其中已围垦滩涂 2.4 万公顷，被誉为“第二如东”。

3. 水资源

如东县域内河网纵横，水资源较为丰富。东凌湖水源为一级河道如泰运河，水源充足。东凌湖水面总面积 5.8 平方公里，总库容 3300 万立方米，为如东东部地区提供丰富的淡水资源，可以为东凌地区 6666.67 公顷农田提供农业灌溉应急水源，充分发挥蓄水、调水及改善周边生态环境的作用，同时也形成一个新的生态和旅游景观。

4. 风能资源

如东县毗邻黄海，有较丰富和稳定的风能资源，也是东部沿海地区大型风电场理想的选址地。县内华润风电项目一期 1.5 万千瓦建在东凌库区，共布路风机 33 台，已经建成并网发电。

5. 海洋生物资源

如东县拥有 106 公里海岸线、7.15 万公顷滩涂，海洋生物资源十分丰富。有各种浅水贝类 50 余种，其中被称为“天下第一鲜”的文蛤，年出口 6000 多吨，是全国最大的生产和出口基地。近海共有鱼类 150 种，其中黄鱼、鲳鱼、马鲛鱼、鳓鱼、鲻鱼、鮸鱼、刀鱼、板鱼、箭头和河豚等最为知名。近海底栖动物种类繁多，主要有毛蚶、文蛤、四角蛤、青蛤、双喙饵乌贼、葛爪长臂虾、蛤氏仿对虾、脊尾日虾、鹰爪糙对虾、三疣梭子蟹和日本鲟等。

（四）历史人文

1. 如东历史沿革

如东县原为如皋县（现如皋市）东，并以此得名。其历史沿革如表 5-4 所示。

表 5-4　如东县历史沿革

东晋义熙七年（411 年）	分广陵郡而设置建陵、宁海、临江、蒲涛五县
北周时	废蒲涛县，并临江县入宁海县，如皋县隶属于海陵郡
隋朝开皇九年（589 年）	如皋县并入宁海县，隶属于扬州总管府（605 年改为江都郡）
唐朝大和五年（831 年）	设置如皋场，隶属于泰州
北宋初	如皋县隶属于淮南东路泰州军
元代	如皋县隶属于扬州路泰州府
明代	如皋属于扬州府泰州
清朝雍正二年（1724 年）	如皋县隶属于通州。
民国二十九年（1940 年）	冬黄桥决战后，新四军苏北指挥部第三纵队挺进通（南通）、如（如皋）、海（海门）、启（启东），同时将原如皋县分设如西县和如皋县（如皋东乡）
民国三十年（1941 年）起	如皋县隶属于苏中第四行政区
民国三十四年（1945 年）秋	如西县复名为如皋县；如皋县易名如东县，隶属南通市管辖

数据来源：百度百科“如东县”。

2. 如东文化特色

2008 年，如东县被国家文化部命名为“中国民间文化艺术之乡”，被中国生态学会旅游专业委员会命名为“中国最佳文化生态旅游目的地”；2009 年，被中华文化促进会命名为“中国文化生态旅游强县”和“中国生态文化旅游名县”。

如东县民间绘画艺术源远流长，相传在清同治年间由苏州传入，为桃花坞木版年画的一个分支。风格朴拙靓丽，极具地方特色，因此如东县被中国文化部命名为“中国现代民间绘画之乡”。

“跳马夫”原是流传于如东县一带的祭神舞，所祭之神为“都天王爷”。据传，“都天王爷”是唐肃宗对其守将张巡的追封谥号。明清之时，倭寇海匪经常骚扰沿海，当地人们寄情于张，追思英烈，祈求神明消灾降福，于是将供奉逐渐演化为“烧马夫香”，由此传习数百年。2010 年，如东县的“跳马夫”入选第三批国家级非物质文化遗产名录。

如东杂技是南通特色文化品牌之一，也是如东及江苏对外文化交流的一张靓丽名片。

（五）人口本底

如东县劳动力资源充足，人口流动性较弱，常住人口数在南通市行政区中名列第三，截至 2013 年有 98.36 万人，人口密度为 558 人/平方公里，如图 5-5 所示。其中从业人员有 63.10 万人，从事第一产业、第二产业、第三产业人员分别有 14.80 万人、31.00 万人和 17.30 万人，比重分别为 23.45%、49.13%、27.42%。2013 年末，城镇尚有 3850 失业人口。

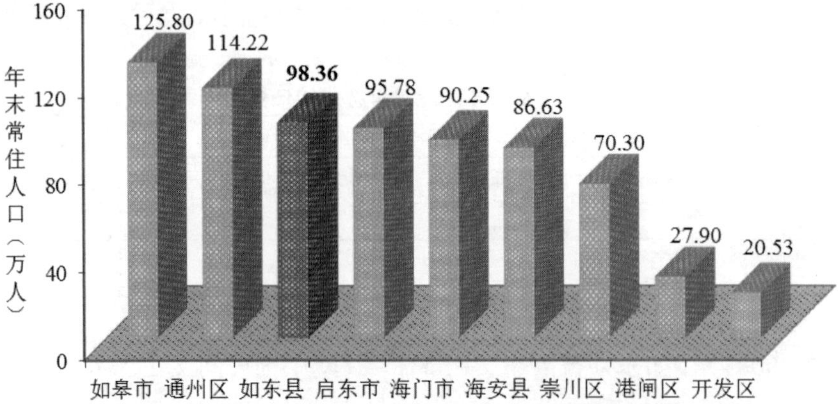

图 5-5　2013 年南通市各县（市、区）年末常住人口分布

数据来源：南通市统计局，《2014 年如东县国民经济和社会发展统计公报》。

如东县年龄结构失衡，人口老龄化严重。如图 5-6 所示，第六次全国人口普查显示，全县 0～14 岁青少年儿童占总人口比重为 8.98%，同第五次人口普查相比，所占比重减少了一半，低于南通市 10.63% 的平均值，仅为全国平均水平的一半。15～64 岁人口占总人口比重为 72.02%，比南通市平均水平略低 0.8%，比全国平均水平低 4.39 个百分点；而 65 岁及以上人口占总人口比重为 19%，比南通平均值高出 2.5 个百分点，比全国平均值高出 1.14 倍，比第五次人口普查数据高出 5.53 个百分点，年增长率高达 4.105%。《2014 年如东县国民经济和社会发展统计公报》数据也显示，2014 年如东县年末户籍人口 104.37 万人，其中 18 岁以下人口 11.47 万人，占 11.0%，比上年提高 0.4 个百分点；18～35 岁人口 19.29 万人，占 18.5%，与上年持平；35～60 岁人口 44.47 万人，占 42.6%，比上年下降 1.0 个百分点；60 岁以上人口 29.14 万人，占 27.9%，比上年提高 0.6 个百分点。

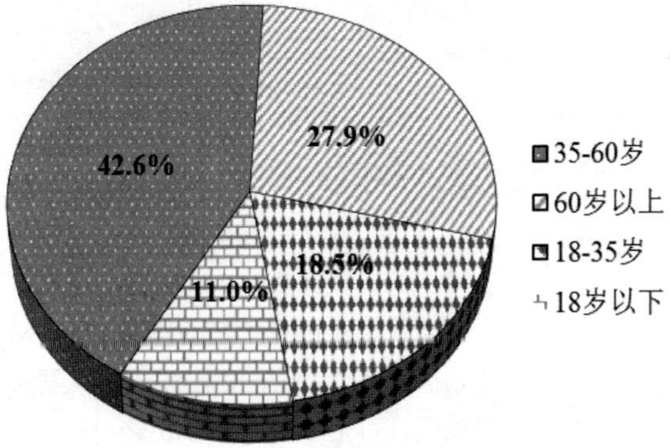

图 5-6　2014 年如东县人口年龄结构

数据来源：南通市统计局，《2014 年如东县国民经济和社会发展统计公报》。

二、旅游系统解析

（一）发展本底宏观审视

1. 规划区内旅游资源

规划区东部有约 20 平方公里海域，西部豫东垦区面积约 20 平方公里，南部水库区域面积约 10 平方公里（其中水面 6 平方公里）。主要的自然资源为水域风光——滨海、湖泊等如表 5-5 所示。规划区现状条件作为旅游资源可能不具备足够吸引力，但可经过进一步的整合开发，挖掘潜在旅游资源，将其转化为旅游吸引物。依托东凌“绿色氧吧”等优美的自然风光，突出生态旅游和休闲度假旅游主题。

表 5-5 规划区内现有可挖潜的旅游资源

类型	现实/潜在旅游资源	空间分布与描述	开发与提升设想
自然	海滨景观	规划区范围有一部分处于陆地和海域交界	可通过围海或景观提升打造海滨景观
	滨海水域风光	规划区东部海域面积约 20 平方公里	可发展水上项目和海域观光
	水库水面湖泊	规划区南部水库区域面积约 10 平方公里(其中水面 6 平方公里)	可开发水域景观游憩活动
	河流	规划区南部有如泰运河流经	可开发与河流相关的游憩活动
	LNG 冷能	如东县岸外 16 公里洋口港	可发展工业产业园区旅游，利用冷能技术开发规划区的淡季冰雪旅游项目
人文	渔业养殖	全镇高效农业面积达 7666.67 公顷，高效渔业面积达 6000 公顷	可发展生态观光等旅游活动
	风力发电	规划区外西北部有大型风力发电景观，可借景到规划范围内	可进行相关知识科普、大尺度观光活动
	城乡风貌	规划区西部现有居民点	可通过统一整理改造，规划建设特色小镇，提升城乡风貌

数据来源：《南黄海东凌湖旅游产业融合发展规划（2015—2030）》规划编制组根据资料和调研自行整理。

2. 如东县域旅游资源梳理

（1）如东县旅游资源开发现状

如东县位于长江三角洲南通市的东北郊，东、北两侧濒临黄海，地处长江入海口，境内地势平坦，海岸线平直，潮滩宽广，属亚热带海洋性湿润气候区。

如东县现有旅游资源主要集中在南渔、北渔、东凌三个景区。南渔景区占地 666.7 公顷，有较大规模的鳗鱼加工生产线，拟建风力发电站、南黄海度假村以及其他一系列以生产经营为主的观光养殖；北渔景区以“海上迪斯科”“空中交响乐”最为著名，其开发历史在三个景区中是最长的；东凌景区，绿草连天，常有野兔、野鸡等出没其中，其间栖息着大群海鸟，区内建有南通市生态农业示范区，为生态旅游和农业旅游、休闲度假旅游地的开发提供了良好素材。此外，如东县海堤绿化也蔚为壮观，极具观赏价值。每年 5 月，百余公里堤路的槐花飘香更添闲趣。随着改革开放经济发展，各式渔家别墅也成为一道亮丽的风景线。总体来说，如东县旅游资源具有资源总量丰富、资源等级较高的特点，如表 5-6 所示。

表 5-6　如东县域旅游资源一览表

序号	景点名称	描述	性质
1	海上迪斯科休闲旅游区	洋口港海上迪斯科旅游项目历史悠久，总面积达 6.93 万公顷的东方第一大滩涂，是集观光、游戏、舞蹈、健身、劳动、收获兼品尝于一体的特色旅游	海滨综合休闲度假
2	洋口港	洋口港是南黄海上一颗璀璨的明珠，一座面向世界的亿吨大港，一座国际水准的石化基地，目前洋口港景区已成功创建成国家 AAA 级景区、省级工业旅游示范点、省级自驾游基地。	大尺度观光
3	小洋口风景区	小洋口旅游度假区是集旅游观光、休闲度假、餐饮娱乐、科普教育、日常生活体验于一体的多功能、生态型的旅游度假区，度假区充分展现南黄海风情，突出绿色生态理念和健康休闲养生旅游，在保留原生态自然特性基础上，营造了高雅独特、优美幽静的景观环境	综合海滨休闲度假

续表

序号	景点名称	描述	性质
4	南通洛卡王国儿童职业体验馆	王国内设有36个职业体验馆、70多种职业实境体验，以培养孩子适应未来社会的能力，包括培养团队合作精神、体会劳动的价值、建立正确的金钱观念、培养专注力、创造力和思考力	创意体验馆
5	南通方特探险王国	公园以科幻探险和惊险体验为最大特色	创意体验馆
6	黄海大桥阳光岛	是苏南黄海第一人工岛。	度假休闲
7	南通城市绿谷	城市绿谷空气清新，是亲近自然的好去处	城市公园
8	国清寺	国清园景区以佛教文化为依托，汇人文景观和自然景观于一身，集游、购、娱、食、住、行等多种功能于一体，是游客休闲、游览、娱乐的极佳去处	人文宗教景区
9	南通革命纪念馆	马塘革命烈士纪念馆位于素有苏中地区“小延安”之称的马塘镇，是南通市独一无二，江苏省为数不多的乡镇红色旅游景点，每年都有来自县内外众多游客到这里瞻仰革命遗址，接受革命传统教育和爱国主义教育	红色历史纪念馆
10	浅水湾水上公园	浅水湾水上公园位于如东县城北区，是如东目前规模最大的一座综合性公园，休闲广场、开阔的水面和大型音乐喷泉无不将景观与人的需求充分结合，满足了人们观光、亲水、休闲、娱乐的需要	休闲娱乐公园
11	上真观	如东县上真观始建于明代，清咸丰年间重修，主体建筑有山门、真武殿、玉皇宫3进	人文景点
12	在水一方生态园	其基本格局分为：特种水产养殖示范区、名贵花木种植示范区、休闲养生区、餐饮商务区等	农业生态园
13	写意农庄	一个集农业生产、餐饮娱乐、生态旅游等多功能于一体的综合性、参与性极强的生态农业旅游园区	生态农业旅游

续表

序号	景点名称	描述	性质
14	金色农家休闲农庄	集停车场、餐饮、住宿、休闲、会务、购物等为一体，另有基地及农副产品加工厂若干个，是游客关心三农、体验新农村建设和新农民生活的理想场所	农副产品体验园

数据来源：《南黄海东凌湖旅游产业融合发展规划（2015—2030）》规划编制组根据资料和调研自行整理。

第一，海滨旅游资源丰富。如东县拥有全省 1/6 的海岸线，7 万公顷的金色滩涂，是名副其实的海洋旅游大县。烟波浩渺的南黄海、一望无际的大草原、迷人的海滨风光、古朴的渔村风情等极具魅力的旅游资源，打造了以“海港、海鲜、海韵、海泉”为特色的如东旅游风采，形成了“跳海上迪斯科、听空中交响乐、品天下第一鲜、沐黄海温泉浴、拾农庄乡野趣、观雄浑洋口港、赏风电新景观、望海上旭日升”等旅游品牌。得天独厚的地理位置使得如东获得中国烹饪协会授予的全国唯一的“中国海鲜之乡”称号，海边的亚洲第一风电场是江苏省内乃至全国范围内的特有资源类型，如东还拥有世界品质第四的海温泉，这一不可多得的珍贵资源是游客康体疗养、休闲度假的绝佳去处。

第二，资源等级较高。截至 2013 年 12 月份，全县拥有国家级等级景区 5 个，分别是小洋口风景区、洋口港景区、国清园景区，马塘革命烈士纪念馆和浅水湾水上公园。省级旅游度假区 1 家，即小洋口旅游度假区。省级自驾游基地 2 处，分别是小洋口省级自驾游基地和洋口港景区生态园。如东旅游资源形成了比较完善的产业体系，呈现出一幅绿色生态、古今交融、休闲宜居的美丽画卷。

（2）如东县旅游开发利用存在的问题

旅游资源的开发分两个步骤：首先是资源的发现发掘，其次是使发掘出的资源产品化，把它投入到市场运行中去，包括旅游地基础设施建设、交通条件的改善、旅游产品的宣传推销等。目前如东的旅游资源开发尚处在第一阶段，主要存在以下几方面的问题：

第一，旅游资源开发内容单一，深度不够，产品化程度不高。计划开发项目尚待进一步论证。像“海上迪斯科”等传统旅游项目，其开发水平一直停留在初级开发阶段，很难满足游客的进一步要求。

第二，旅游项目分散，不成体系，缺乏规模效应。沿海滩涂地区，地域广袤，具备了充足的土地资源，但如果处理不当就会使人产生散乱之感。

第三，缺乏龙头项目，叫得响的旅游项目太少，对游客的吸引力不强。本区有着悠久的社会文化历史，位于南黄海之滨又有着独特的自然风光。应针对不同的旅游目标市场进行针对性宣传。

第四，市场开拓不够，知名度小。滩涂作为一个具学术意味的词，对于多数人来说是很陌生的。可通过广告、讲座、竞赛、夏令营等宣传活动，举办地方性的风筝节、啤酒节、赶海节、民间艺术节等时令节庆活动，在扩大地区知名度的同时，使旅游项目也得到了很好的宣传。

第五，旅游交通虽有较大发展，依然是制约旅游业发展的瓶颈。本地地域广阔，景点间的距离较长。其间主要通过公路交通连接，交通质量严重影响游客的旅游质量。

3. 江苏沿海旅游资源

（1）江苏沿海旅游资源类型

江苏沿海地区的旅游资源涵盖了全国所有的 8 个主类，其中 28 个亚类占全国 31 个亚类的 90.3%，而 117 个基本类型约占全国 155 个基本类型的 3/4（75.48%）。说明与全国旅游资源类型相较，江苏沿海地区资源在主类、亚类的丰度上，以及在基本类型数上都属丰富级。具体指标如表 5-7 所示。

表 5-7　江苏沿海地区旅游资源单体类型表

主类		亚类			基本类型		
		全国	江苏沿海	亚类比例（%）	全国	江苏沿海	基本类型比例（%）
自然景观	地文景观（A）	5	5	100.00	37	18	48.65
	水域风光（B）	6	5	83.33	15	12	80.00
	生物景观（C）	4	4	75.00	11	8	72.72
	气象气候景观（D）	2	2	100.00	8	5	62.50
小计		17	15	88.24	71	43	60.56
人文景观	遗址遗迹	2	2	100.00	12	10	83.33
	建筑与设施	7	7	100.00	49	42	85.71
	旅游商品	1	1	100.00	7	7	100.00
	人文活动	4	4	100.00	16	15	93.75
小计		14	13	92.86	84	74	88.10
合计		31	28	90.32	155	117	75.48

数据来源：《江苏省沿海地区旅游发展规划》。

（2）江苏沿海旅游资源类型与数量

与江苏省总体结构相比，盐城市地文景观数量较少；而三市水域风光均高于全省平均水平，是全省平均水平的 2～3 倍左右；生物景观略高于江苏省平均水平；而天象与气候现象和江苏省平均水平持平；连云港市遗址遗迹景观较少，是江苏省平均水平的50%左右；三市的建筑与设施景观基本都与江苏省平均水平持平；南通市的旅游商品资源数约超出平均水平 50%；而三市人文景观均较少，除盐城市是平均水平的 50%，其余两市都约为平均水平的 20%。具体指标如表 5-8 所示。

表 5-8　江苏沿海地区资源单体数量汇总表

主类	连云港市		盐城市		南通市		江苏省	
	单体数	占本市比例（%）	单体数	占本市比例（%）	单体数	占本市比例（%）	单体数	占全省比例（%）
A 地文景观	121	23.63	13	1.95	52	6.75	577	6.66
B 水域风光	45	8.79	40	5.99	78	10.13	341	3.93
C 生物景观	20	3.91	33	4.94	37	4.81	242	2.79
D 天象与气候现象	1	0.20	2	0.30	10	1.30	24	0.27
E 遗址遗迹	15	2.93	39	5.83	41	5.32	482	5.56
F 建筑与设施	265	51.57	451	67.51	349	45.32	5290	61.04
G 旅游商品	33	6.45	46	6.89	86	11.17	656	7.57
H 人文活动	12	2.34	44	6.88	117	15.19	1055	12.17
总计	512	100	668	100	770	100	8667	100

数据来源：《江苏省沿海地区旅游发展规划》。

江苏沿海地区的旅游资源总体质量较高，其中精品旅游资源和优良级旅游资源占据一定比重，在该地区的旅游资源开发中起着举足轻重的作用。特品级旅游资源（即五级旅游资源，得分值域≥90 分）有 27 个，而四级、三级旅游资源分别占全部单体总量的 10%和 31%。二级旅游资源单体占全部单体总量的 37%，一级旅游资源占 20%，这些普通级旅游资源数量也众多，约占单体总数近 6 成，但观赏价值和知名度远不如上述精品和优良级旅游资源，吸引力也较为有限。江苏沿海 3 市的旅游资源在定量评价中分值基本属于金字塔分布，中间段的分数峰值偏向在 50 分至 70 分区间，如表 5-9 所示。

表 5-9　各级旅游资源单体数量统计

城市	优良级旅游资源数量			普通级旅游资源数量	
	五级	四级	三级	二级	一级
连云港	10	53	156	187	103
盐城	8	19	186	197	252
南通	9	54	161	335	103
江苏沿海 3 市总计	27	126	503	719	566

数据来源：《江苏省沿海地区旅游发展规划》。

（3）江苏沿海旅游资源总体特征

基于上述江苏沿海旅游资源类型和旅游资源数量、质量的统计，可以概括的江苏沿海旅游资源总体特征如下：一是旅游资源类型丰富，可以满足多种旅游开发需求；二是旅游资源品位较高，海滨生态旅游资源特色鲜明；三是旅游资源组合良好，特色资源具有空间集聚效益；四是开发利用程度较低，旅游资源后发优势潜力较大。

4. 国家滨海旅游资源

（1）我国滨海旅游总量丰富，质量较高

我国滨海旅游资源总量丰富，类型多样，资源质量和品位较高，旅游开发价值极大。自然类旅游资源可以分为地文类、水体类、气候生物类旅游资源。据统计，沿海 11 省市分布有 68 处国家级风景名胜区，占全国总量的 36.4%；国家级森林公园 213 处，占 31%；国家级自然保护区 303 处，占 31%；国家级海洋自然保护区 29 处，国家级湿地公园 8 处，占 28.5%；国家级水利风景区 370 处，占 31.4%；国家级矿山公园 12 处，占 43%。人文类滨海旅游资源包括历史人文类、现代人文类和其他人文类旅游资源等，开发力度亦较大。沿海地区 11 省市已拥有 4 处世界文化遗产、2 处世界文化与自然双重遗产，旅游开发相对成熟，国际知名度较高，具有极大的旅游资源吸引力，其中包括历代古都、文物古迹、风景名胜、地方及民族特色和近现代史迹等不同类型的历史文化名城 110 座，占全国总量的 39.1%；具有鲜明地域特色和文化特色的中国历史文化名镇 85 座和中国历史文化名村 72 座，分别占全国总量的 42.4%和 38.9%；还包括具有重大艺术价值、历史价值和旅游观赏价值的全国文物保护单位 799 座，占全国总量的 74%。

（2）我国沿海旅游资源开发迅速

自 20 世纪 90 年代以来，我国滨海旅游开发蓬勃兴起，沿海地区各省市均确定了滨海旅游业的地区经济发展先导或主导产业地位，滨海旅游开发浪潮叠起，以观光游览、水上运动、休闲垂钓、餐饮美食、游船休闲、海滨度假为代表的滨海旅游开发全面展开。根据《中国海洋经济统计公报（2014）》，沿海旅游继续保持较快发展态势，邮轮游艇等新兴旅游业态发展迅速。全年实现增加值 8882 亿元，比上年增长 12.1%，如图 5-7 所示。在过去的 6 年间，沿海旅游所带来的经济收入持续增加，可见沿海旅游的潜力巨大，发展态势良好。

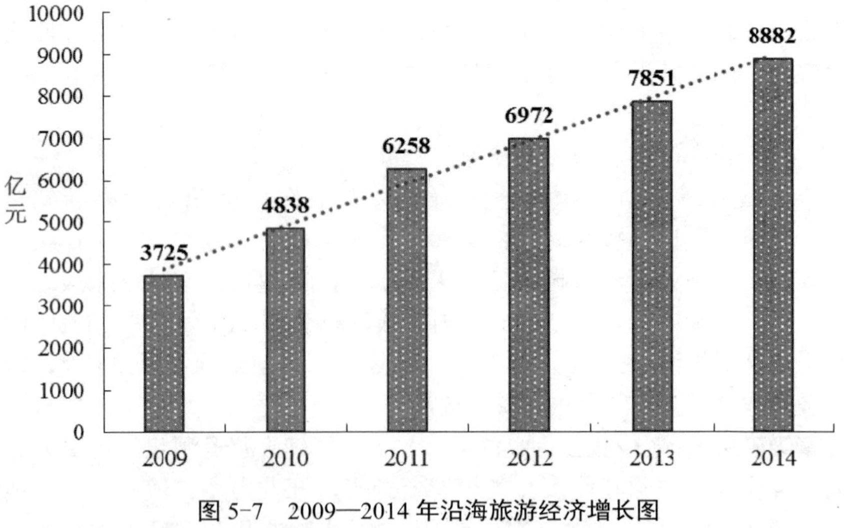

图 5-7　2009—2014 年沿海旅游经济增长图

数据来源：《中国海洋经济统计公报（2014）》。

（二）发展基础整体评价

1. 规划区内潜在资源类型丰富

规划范围内可直接利用的旅游资源并不丰富，但是潜在资源种类多样，类型比较丰富。经过规划开发与景观提升，可以转化为品质较高的旅游吸引物。

第一，规划区内滨海景观独具风情。规划区既有广阔壮观的滨海风光，也有温婉内敛的河流湿地。海滨地带可通过围海或景观提升、服务升级打造海滨旅游绿道。规划区内东凌湖湖面总面积 5.8 平方公里，总库容 3300 万立方米，为如东东部地区提供丰富的淡水资源。在水库规划水上娱乐运动项目，利用如泰运河，开展游船观光体验以及船上表演等活动。

第二，规划区是海洋文化开放展示平台。规划区沿海，是开放的海洋文化展示平台。规划区的海洋文化展示既可展示从远古到现在的海洋变迁，也可以展示如东县由海域到扶海洲再到如东县的历史脉络。

第三，规划区是长寿文化之乡所在地。规划区所处的如东县在 2011 年，被中国老年学学会授予 “中国长寿之乡”称号，如东成为中国长寿大家庭中的第 21 名成员。深入挖掘如东县作为长寿之乡的文化内涵，注入长寿文化元素，可以进一步打造养老养生度假小镇。

第四，规划区具有典型水乡田园风光。规划片区内的土地以农业种植为主，规划以农业种植为基底，具备典型的水乡田园风光。通过创意化思路，可拓展农业功能，提升农业的价值和附加值，融合婚纱摄影、农业采摘、农事体验等功能为一体，依托周边环境，将水元素融入，形成“田园水乡”新景象，展现如东新农村风貌。

第五，规划区内风能资源形成大地景观。规划区毗邻黄海，有较丰富和稳定的风能资源。规模居亚洲第一的风能发电厂的兴建在南黄海，是规划区可借景的旅游景观，提高了旅游区的整体竞争力。以风车为背景，营造大地景观，以风车花田为吸引点，可承接主题摄影、婚纱拍摄等活动。以风车做背景还可开发极限活动等项目。

第六，规划区滩涂具有较高经济价值。规划区内有大面积的耕地和荒地，形成具有一定高程和垦殖价值的广阔滩涂，具备较高的经济利用价值。对滩涂进行种植业、牧业、副业、渔业等多种开发，恢复滩涂生态环境，可发展生态观光和湿地游憩活动，打造绿色养生休闲主题。

第七，规划区具有独特滨海鱼鲜文化。濒海的地理位置决定了规划区独特的人文内涵。当地特色的民俗活动、丰富的海鲜美食产品、渔港居民热闹的生活场景，都对旅游者有着巨大的吸引力。

2. 与周边滨海景区存在竞争

通过对于如东县旅游资源的梳理和规划区内现有旅游资源和潜在旅游资源的挖掘，可以发现如东县客源出游目的主要是休闲体验、生态观光、养生度假、农家美食；如东对游客的主要吸引力在于独特的南黄海风情、新鲜地道的海鲜美食、高品质的养生温泉。现有的洋口港、海上迪斯科休闲旅游区、小洋口风景区在区位特点和主要功能定位上与南黄海东凌湖规划区有交叉，势必会对东凌湖的开发产生威胁，如表 5-10 所示。在后期规划中，既要注意旅游产品开发的差异性，突出特点，又要利用现有景区的海滨综合休闲度假已有的规模，形成联动机制，加强区域合作，把握客源。

表 5-10　如东县旅游资源比较

如东县		规划区		分析
已有景点	景点性质	现有资源	开发策略	
海上迪斯科休闲旅游区	海滨综合休闲度假	海滨景观	可通过围海或景观提升打造海滨景观	资源类型相似，开发策略相近
小洋口风景区	综合海滨休闲度假	滨海水域风光	可发展水上项目和海域观光	资源类型相似，开发策略相近
洋口港	大尺度观光	风力发电	大尺度观光活动	资源不相似，开发策略相近

数据来源：《南黄海东凌湖旅游产业融合发展规划（2015—2030）》规划编制组根据资料和调研自行整理。

三、内外系统耦合关系综合研判

综合分析南黄海东凌湖片区的区域系统和旅游系统，总体来看，规划区地理区位条件优越，各项交通基础设施完备；经济发展平稳协调，向工业化后期迈进，居民人均收入稳定增长；自然资源尤其是海洋生物资源丰富；劳动力资源丰富，土地性质适宜旅游开发，资源开发潜力巨大，已具备良好的发展基础。但依然存在人口老龄化严重、旅游产品待开发、管理经验缺乏、旅游形象未确立、市场认知度低、营销策略尚陈旧、区域合作欠缺等实际问题。

在国际旅游业持续发展，我国旅游业的战略地位不断提升、旅游市场需求处于转型期的大背景下，国家相关政策的出台、如东县“十二五”发展规划的推动必将为南黄海东凌湖的旅游发展注入了新动力。后期规划需着重解决区域同质化产品竞争、社区居民利益保障、大尺度开发引发生态威胁等问题。

（一）发展优势

1. 地理区位条件优越

南黄海东凌湖区域，位于江苏省南通市如东县大豫镇境内，是江苏省南通市如东循环经济产业园内的重要发展平台之一，也是江苏沿海开发的重要节点，奠定了该区域广阔的发展前景。该区域地处江苏省如东县东部海岸带、长三角北翼，东临黄海，西邻如东县城和广袤的苏北平原，北连国家一类口岸洋口港，南接南通滨海园区，位于上海 1.5 小时经济圈范围内。既是如东县居民休闲游憩的不二选择，又是大上海经济圈游客度假放松的新目的地。

2. 土地性质适宜旅游开发

规划范围地域广阔，土地平整，相对廉价的土地供给能够提供较大的环境容量。本项目规划区为陆域和海域两部分。其中，陆域面积约 60 平方公里，其中包括：东凌垦区约 30 平方公里，包含 2/3 耕地和 1/3 一般农用地；豫东垦区约 20 平方公里，全部为国有农用地；东安新闸垦区约 10 平方公里，包含 6 平方公里水域面积和 4 平方公里陆地面积。

3. 资源开发潜力巨大

规划范围内可直接利用的旅游资源并不丰富，但是潜在资源种类多样，类型比较丰富。经过规划开发与景观提升，可以转化为品质较高的旅游吸引物。其中，自然资源类型的现实旅游资源和潜在旅游资源涉及海滨景观、滨海水域风光、水库水面湖泊、河流四类，可通过旅游开发发展滨海游憩和水上休闲活动。人文资源类型的现实旅游资源和潜在旅游资源包括渔业养殖、风力发电、城乡风貌等，可开发生态观光、渔业养殖、休闲养生、城市科普等一系列的旅游产品。

4. 经济社会发展基础好

以上海为龙头的江苏、浙江经济带，是中国目前经济发展速度最快、经济总量规模最大、最具有发展潜力的经济板块。统计数据显示，2014 年规划区所处的长三角核心区 16 个城市 GDP 总量突破 10 万亿元，增速均值为 9.0%，实现规模以上工业总产值突破 19 万亿元，完成固定资产投资突破 5 万亿元，实现社会消费品零售总额 3.95 万亿元，实现进出口总额 1.29 万亿美元。这一经济巨人群，更直接吸引了众多世界级经济巨人的目光。目前，世界 500 强企业已有 400 多家在这一地区落户。其中，在上海设立地区总部和中国总部的就有逾 200 家，在苏州投资的有 81 家，投资项目达 188 个。据不完全统计，这一地区合同利用外资累计已近 1500 亿美元，长江三角洲已变成一个吸引国际资本与技术的强大磁场。总体来看，长三角地区的城镇居民可支配收入、农村居民纯收入在全国处于领先，基本达到了经济较发达国家的水平。南黄海东凌湖所在的地理位置正是长三角地区上海经济带的辐射区域，县域经济的崛起，使“长三角”城市连片化、都市化成为可能，这为南黄海东凌湖的旅游发展奠定了坚实基础。

（二）发展劣势

1. 旅游产品待开发，管理经验缺乏

由于规划区现有可直接利用的旅游资源不多，很多潜在资源需要通过开发来转化为旅游产品。因此内部用于旅游活动的基础设施尚不具备，产品和旅游基础设施都有待开发和完善，现状对中高端游客缺乏吸引力。此外，如东县旅游开发较晚，开发模式以政府主导为主，缺乏相应的贷款支持和旅游景区管理经验。

2. 旅游形象未确立，市场认知度低

如东县虽已有较成熟的近、中程旅游环境和多样化的城市名片，但总体外界对于其旅游形象的认知还比较模糊，形象不够突出。相比于其他沿海城市县域，特色不鲜明，形象有待确立和深化。市场认知度有待提升。

3. 营销策略尚陈旧，区域合作欠缺

如东县旅游总体的营销策略还处于比较陈旧且低层级的传统单向线下营销，在营销力度和手段上都有极大的改进空间。现有旅游网站的维护和信息发布不够及时。此外，如东县内部旅游景点的合作，与外部大上海经济圈的合作都比较欠缺，限制了规划区的旅游发展。

（三）发展机遇

1. 国家重要发展战略的出台和推动

2014 年 12 月 31 日国务院办公厅正式通过了《国务院关于促进旅游业改革发展的若干意见》，明确提出把旅游业培育成国民经济的战略性支柱产业和人民群众更加满意的现代服务业，为不断增进在旅游休闲方面的国民福利，为我国旅游业新一轮腾飞确定了方向。此政策的出台标志着国家对旅游业的定位更高，扶持力度更大，为南黄海东凌旅游开发提供了更为有利的宏观环境。

另外，《国家新型城镇化规划（2014—2020）》的推动，标志着新型城镇化的发展需要进一步培育服务业。旅游业是第三产业的龙头产业，通过大力发展旅游产业，带动第三产业的发展，引爆旅游业区域经济，推动县域产业结构优化，并进一步促进全县三农问题的合理解决，增加就业机会，实现经济、社会、生态与旅游四个效益的协调统一。

《长江三角洲地区区域规划（2010）》指出规划区所在的南通处于沿海、海洋两大发展战略的叠加区。如东洋口港是江苏乃至长三角区域发展的重要节点。江苏省人民政府《关于南通港洋口港区总体规划的批复》提出“合理利用海洋资源、充分开发沿海城镇”的战略思想。如东县深入实施沿海开发“六大行动”，是经济开发新兴服务配套功能、加快提升沿海产业层次和不断提升开发水平的关键举措。

2. 我国旅游市场需求处于转型期

“以转型升级、提质增效为主线，推动旅游产品向观光、休闲、度假并重转变；推动旅游开发向集约型转变，更加注重资源能源节约和生态环境保护，更加注重文化传承创新；推动旅游服务向优质服务转变，实现标准化和个性化服务的有机统一”，这是《国务院关于促进旅游业改革发展的若干意见》对未来旅游业发展方式转变所给出的具体规划。目前中国旅游消费市场已经从传统的观光市场逐渐向具有度假、休闲、教育等综合性功能市场转变，而规划区总体的休闲游憩、生态养生开发战略，能够满足日益多元化的旅游需求，对中远程国内游客具有强烈的吸引力和感召力，在未来较长一段时间内，这些产品将成为旅游市场的主导，而南黄海东凌湖旅游发展方向恰好符合我国旅游市场发展趋势。

3. 如东县“十二五”发展规划的导向

如东县“十二五”发展规划中明确提到将着力发展现代服务业，重点推进旅游休闲、商贸餐饮、房地产等生活性服务业发展。以沿海旅游经济开发区为主要载体，以南黄海风韵为核心，突出海鲜美食、海滨胜景及运动休闲三大亮点，优化发展滨海休闲旅游，注重引进大型知名集团，强化整体开发，打造更具影响力的沿海生态休闲度假目的地。规划区所在的东凌平原水库风景区正是如东县“十二五”发展规划和沿海开发战略的重要节点。

（四）发展威胁

1. 区域同质化产品竞争激烈

如东县现有的洋口港、海上迪斯科休闲旅游区、小洋口风景区在区位特点和主要功能定位上与南黄海东凌湖规划区有交叉，属于区域同质化产品，势必会对东凌湖的开发产生威胁。在后期规划中，既要注意旅游产品开发的差异性，突出特点，又要利用现有景区的海滨综合休闲度假已有的规模，形成联动机制，加强区域合作，把握客源。

2. 社区居民利益保障的威胁

规划区西部有大范围的居民点，南黄海东凌湖的旅游开发将其统一纳入规划考虑，后续活动必会影响当地居民的正常生活，未来的旅游发展也会涉及他们的利益，因此如何在旅游产业融合和兼顾居民利益中实现平衡将是东凌湖旅游发展的重要威胁。

3. 大尺度开发可能引发生态威胁

规划区土地现状适宜进行大尺度的旅游开发，但会对生态环境相对脆弱的滨海地区产生生态威胁，例如湿地面积缩小、水土流失、生物多样性减少等。此外，还可能引发水污染、噪声及大气污染、固体废弃物污染、外来物种入侵及自然景观原有面貌的破坏。因此在后期的开发建设中，应把环境问题作为重要的检测指标，避免当地生态环境恶化。

第六章　南黄海东凌湖滨海旅游发展：发展现状和宏观基础

基于杠杆原理的旅游发展与规划逻辑思路，共分为四步（图4-2），本章是第一步（图6-1），重点解决南黄海东凌湖滨海旅游发展的发展现状和宏观基础，回答“我是谁”“我在哪”的问题。

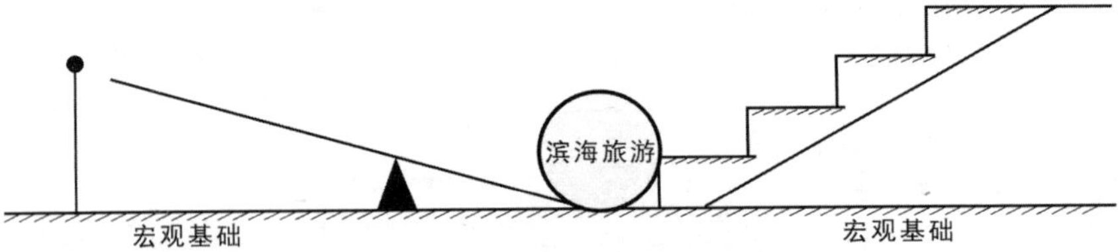

图6-1　发展现状和宏观基础

一、发展现状——我是谁

（一）交通评价

1. 内部交通

场地现状道路主要由国道、省道以及乡道组成，规划区内部道路网密集，各区块间的连通性较好，东部沿海区域内部路网有待进一步完善，如图6-2所示。

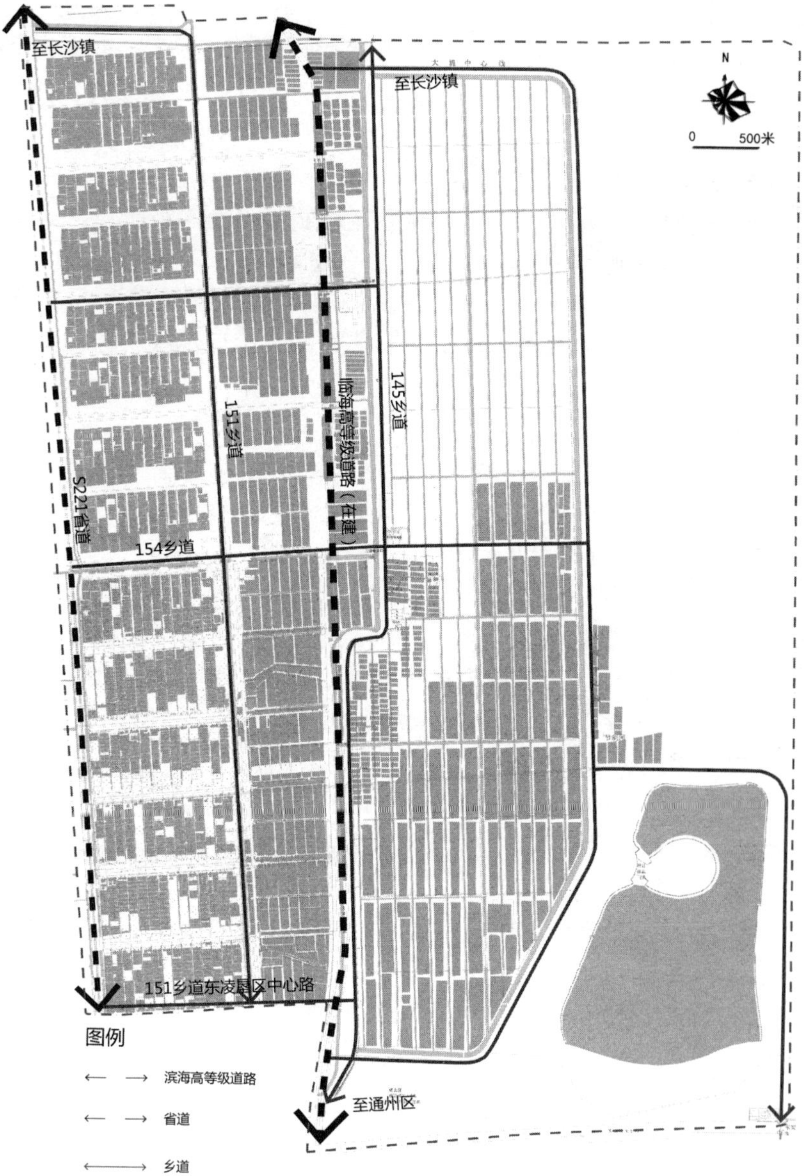
至长沙镇
至长沙镇
N
0
500米
145乡道
151乡道
临海高等级道路（在建）
S221省道
154乡道
151乡道东凌居区中心路
至通州区
图例
滨海高等级道路
省道
乡道

图 6-2　交通现状图

（1）公路

规划区域西侧现有 S221，向南直通通州区，临海高等级公路（在建）向南直通上海。规划区内 003 乡道直通 S222，151 乡道、145 乡道纵横。

（2）河道

如泰运河为规划区内重要的水上运输航道，为 5 级航道。

（3）交通设施

临海高等级公路旁有一座加油站，临海高等级公路与兵十路交叉口附近有一座汽车站。道路交叉口交通导向标识及旅游标识系统不清晰。

2. 外部交通

现有 S221 和掘兵公路两条道路可到达规划区，其中 S221 南北向贯穿项目地西侧，外部可达性总体较好。按照大豫镇总体规划，规划的新 S334 东西向延伸至项目区。

3. 规划区可进入性分析

未来在豫东垦区和海域交界带规划一条主要道路，南北向主要从此道路进入规划区，东西方向主要通过新 S334 进入规划区，规划区内部将形成十字交叉的两条主要交通道路。

（二）用地评价

1. 土地利用现状及适建性分析

本项目规划区为陆域和海域两部分，包括 60 平方公里陆域以及部分海域，可分为东凌垦区（A）、豫东垦区（B）、东安新闸垦区（C）和海域（D）四部分，土地利用现状及适建性如图 6-3、图 6-4 所示。

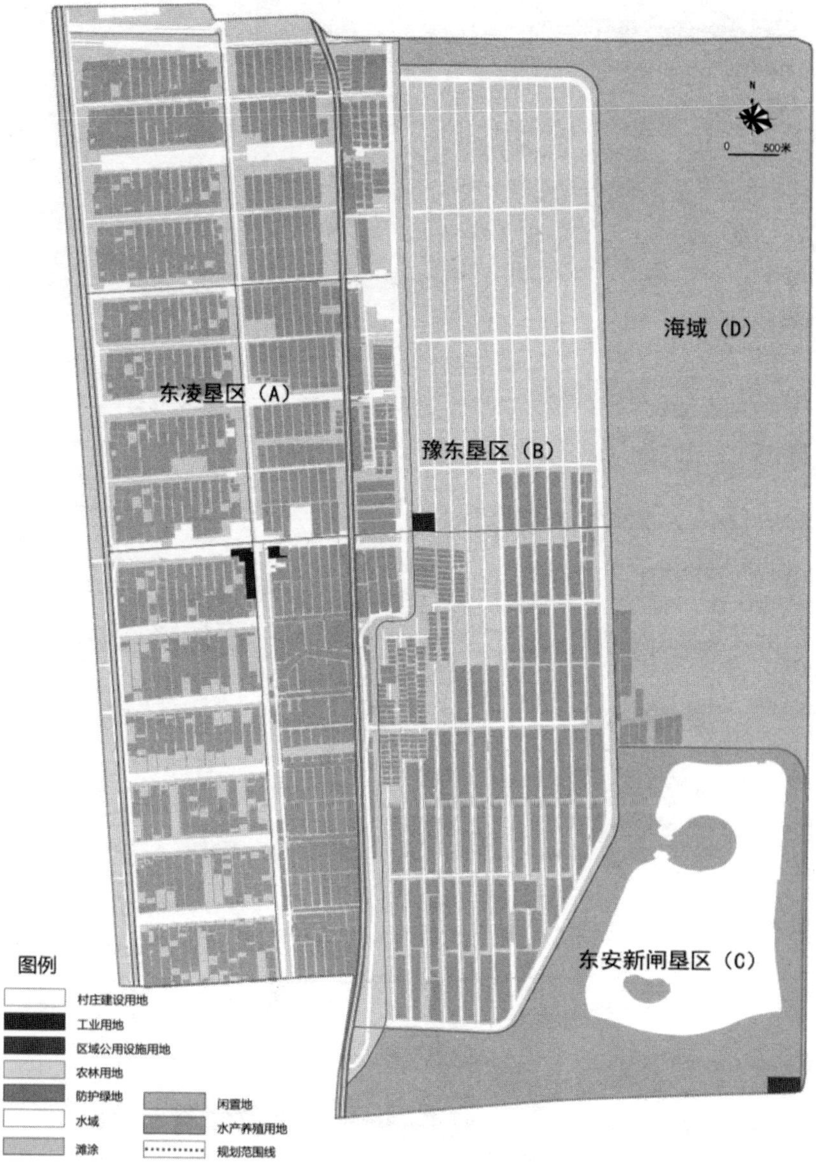
N
0 500米
海域（D）
东凌垦区（A）
豫东垦区（B）
东安新闸垦区（C）
图例
村庄建设用地
工业用地
区域公用设施用地
农林用地
防护绿地
水域
滩涂
闲置地
水产养殖用地
规划范围线

图 6-3 土地利用现状图

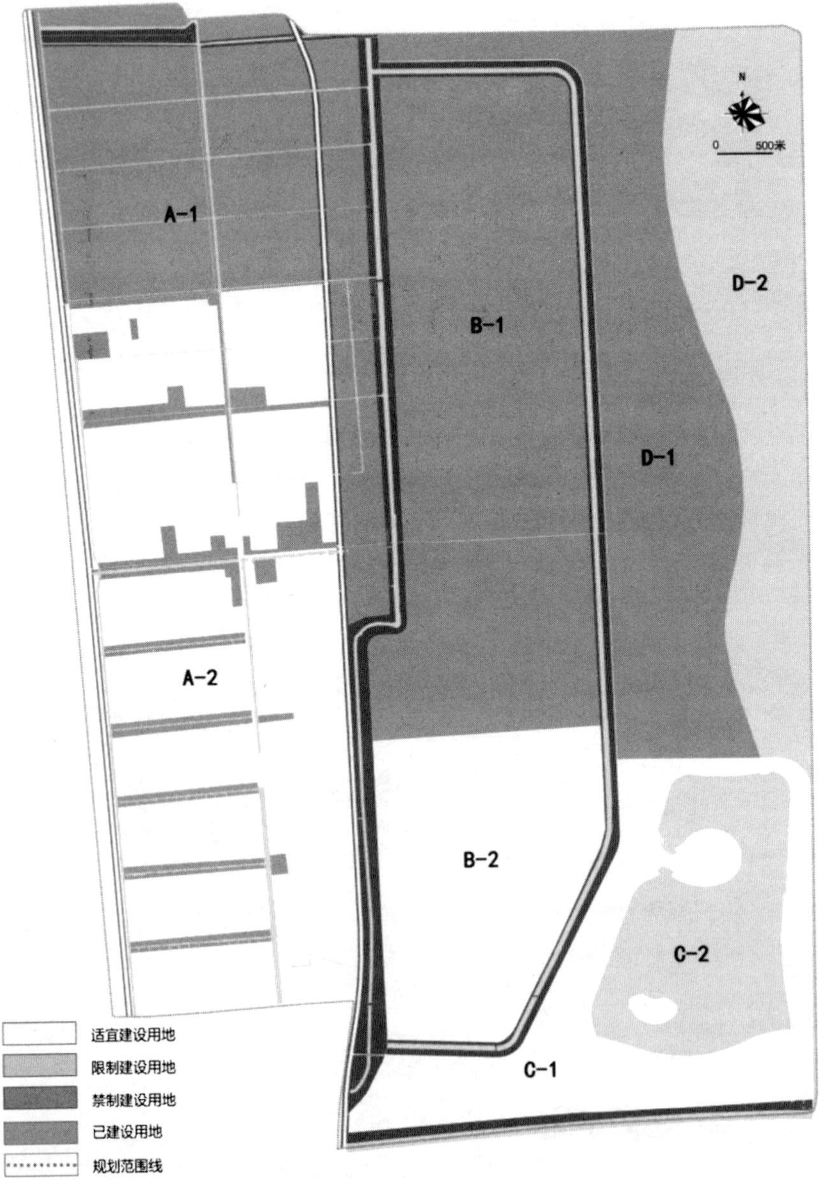

图 6-4　地块适建性分析图

由图6-3和图6-4综合分析，规划区土地利用现状及适建性如表6-1、表6-2所示。

表6-1　地块土地利用现状及适建性分析

地块		主要用地类型	适建性分析
A	A-1	水产养殖用地、农林用地、村庄建设用地	限制建设用地
	A-2	水产养殖用地、农林用地、村庄建设用地、工业用地	适宜建设用地
B	B-1	农林用地、区域公用设施用地	限制建设用地
	B-2	农林用地	适宜建设用地
C	C-1	闲置地	适宜建设用地
	C-2	水域	限制建设用地
D	D-1	滩涂	限制建设用地
	D-2	海域	禁止建设用地

表6-2　规划区适建性占比分析

用地类型	面积（公顷）	比例（%）
适宜建设用地	2638	33
限制建设用地	1694	21
禁止建设用地	3161	40
已建用地	318	6
总用地	7812	100

2. 土地开发建议

项目地西侧A-1地块，主要为水产养殖用地，部分农林用地和村庄建设用地，未来不宜大规模开发建设，应保留片区原有土地性质，主要进行景观改造和村貌提升，开展观光休闲活动。

项目地西侧A-2地块，主要为水产养殖用地，部分农林用地、村庄建设用地和工业用地，适宜开发建设，未来可根据规划进行开发建设，可建设休闲度假旅游项目及配套设施。

中部B-1地块，主要为农林用地，小部分区域为公用设施用地，因片区有较多风车，不宜大规模进行开发建设，未来应在保护现有用地的基础上进行开发建设，结合风车适当开发旅游项目，主要为配套设施的建设。

中部B-2地块，主要为农林用地，适宜进行开发建设，可充分利用现状条件，进行较大规模旅游项目的建设。

C-1 地块为约 4 平方公里的陆地面积，主要为闲置地，适宜开发建设，未来可结合东凌湖的开发，可主要建设配套休闲娱乐设施。

C-2 地块为约 6 平方公里水域面积，根据情况适度开展水上娱乐活动项目，海域部分主要为滩涂和水域，未来主要考虑作为休闲用地，用于滩涂娱乐休闲项目的开发。

（三）资源评价

1. 自然旅游资源

资源现状如图 6-5 所示。

（1）海滨景观

规划区东部有大约 10 公里陆地与海域交界地带的海滨景观，可通过围海或景观提升打造海滨景观。

（2）水资源

规划区内东凌湖湖面总面积 5.8 平方公里，总库容 3300 万立方米，为如东东部地区提供丰富的淡水资源，可以为东凌垦区的农田提供农业灌溉应急水源，充分发挥蓄水、调水及改善周边生态环境的作用，同时也形成一个新的生态和旅游景观，东部约有 10 平方公里的海域面积。

开发方向：在水库规划水上娱乐运动项目，配套休闲度假、商务会议、娱乐休闲类项目；利用如泰运河，开展游船观光体验以及船上表演等活动。

（3）海鲜旅游资源

周边海域中有多种海洋生物，海产品种类多样，主要有虾、鳗鱼、紫菜、文蛤（天下第一鲜）等。规划区所在的大豫镇有“中国文蛤第一镇”的美誉，是中国最大的文蛤苗培育基地和文蛤出口基地。

开发方向：海洋食品味道鲜美，营养价值高，富含人体所需的蛋白质、钙、铁、多种维生素等营养物质；可以依托海产品，打造美食养生产品，形成海产品美食产业链；引进各国烹饪方式，举办海鲜美食节，吸引美食爱好者，开展海鲜观光、海鲜产品创意交易以及渔耕文化体验等活动。

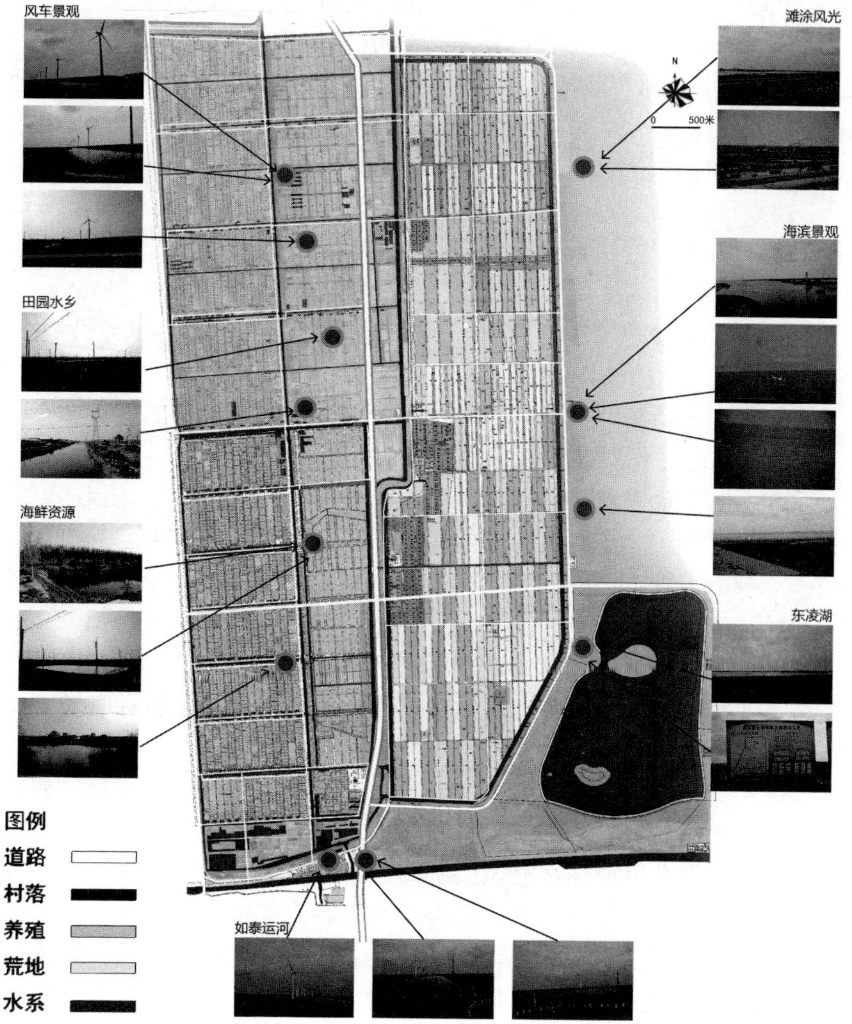

图 6-5　资源现状图

（4）滩涂旅游资源

规划区内豫东垦区有大面积的耕地和荒地，受长江泥沙沉积作用，形成具有一定高程和垦殖价值的广阔滩涂，具有良好的滩涂风光，土地不断增长，层级分明，具备较高的旅游开发价值。

开发方向：规避同质化竞争，打造体验型湿地；对滩涂进行种植业、牧业、副业、渔业等多种开发，恢复滩涂生态环境，与旅游业结合，开发滩涂体验性旅游产品。

（5）风能旅游资源

规划区毗邻黄海，有较丰富和稳定的风能资源，是东部沿海地区大型风场理想的选址地。目前，大豫镇东凌库区建有华润风电项目，在规划区内布置有大量风机，已经建成发电。

开发方向：以风车为背景，开展体验型项目；承办关于生态、绿色能源等的主题论坛，打造绿色休闲体验项目。

2. 人文旅游资源

（1）长寿文化旅游资源

2011 年，如东县荣获“中国长寿之乡”的称号，“中国长寿之乡”是经过高端专家学者科学论证、确认并严格按照规定程序授予的一种称号。应充分挖掘如东长寿文化内涵，利用好如东集“中国长寿之乡”和“中国海鲜之乡”两大国家级品牌于一身的特质。

开发方向：应抓住“海鲜与长寿”“海鲜、养生与旅游”的内在联系，以养生养老为核心，以生态景观为特色，建筑景观融入长寿文化元素，开发系列养生养老旅游产品，大力发展长寿养生特色产业。

（2）海洋文化旅游资源

如东拥有独特的优势海洋资源，如东人祖祖辈辈依海而生，他们的生活、生产习惯和社会风俗都与大海息息相关，有海洋捕捞、养殖、制盐、航海、商贸等丰富的海洋文化，是当地社会群体的物质生活、精神生活和文化风貌的集中体现，具有宝贵的社会价值、艺术价值、经济价值和文化传承价值。

开发方向：深入挖掘如东海洋文化精髓，以海洋、海鲜、滩涂、港口等海洋文化旅游资源的载体为引擎，开发以海洋文化为主题的旅游产品，发展海洋工艺品、演艺娱乐、海洋节庆、海洋展览等项目。

（3）民俗文化旅游资源

如东地区渔人出海会有海滨渔歌和渔民号子相伴，保留着开渔祭海的古老习俗，是如东人感恩海洋、保护海洋的生动写照，是具有浓厚地域特色的节庆文化。还有体现“海味”的民俗歌舞表演。如东哨口风筝声音似交响乐章，被称为“空中交响乐”。这都是吸引游客的重要旅游项目。

开发方向：深入挖掘如东民俗文化旅游资源的文化、艺术、体验价值，打造开发各类老少皆宜的民俗体验型产品。

（4）盐文化旅游资源

如东因海而生，素享渔盐之利，如东的发展始于渔盐业，形成了独特的盐文化。随着盐业贸易的发展，盐商在各盐场修筑豪宅，兴建园林，留下众多建筑美景；盐商崇尚风雅，留下不少诗词歌赋；盐业产销兴旺的地区，嗜好美食佳肴，催生许多名点名菜。

开发方向：以盐趣休闲为主题，开发渔盐文化体验活动，展示制盐工具以及传统制盐工艺流程，让游客体验制盐的乐趣，同时开发以盐为主题元素的旅游商品。

（四）产业评价

产业现状布局如图 6-6 所示。

1. 产业发展现状

（1）农业种植和养殖业

规划区内东凌垦区现主要发展水产养殖以及蔬菜和粮食作物种植，豫东垦区主要为农业种植以及部分水产养殖，种植业和养殖业是当地农民收入的主要来源。观光葡萄园已初具规模。九龙村已有养猪场 5 家，养虾场 2 家，养殖面积已超过 13.3 平方千米，被评为省级南美白对虾示范基地。

（2）农产品深加工

规划区内目前已建成多家蔬菜以及水产品加工厂，形成农产品深加工产业链。

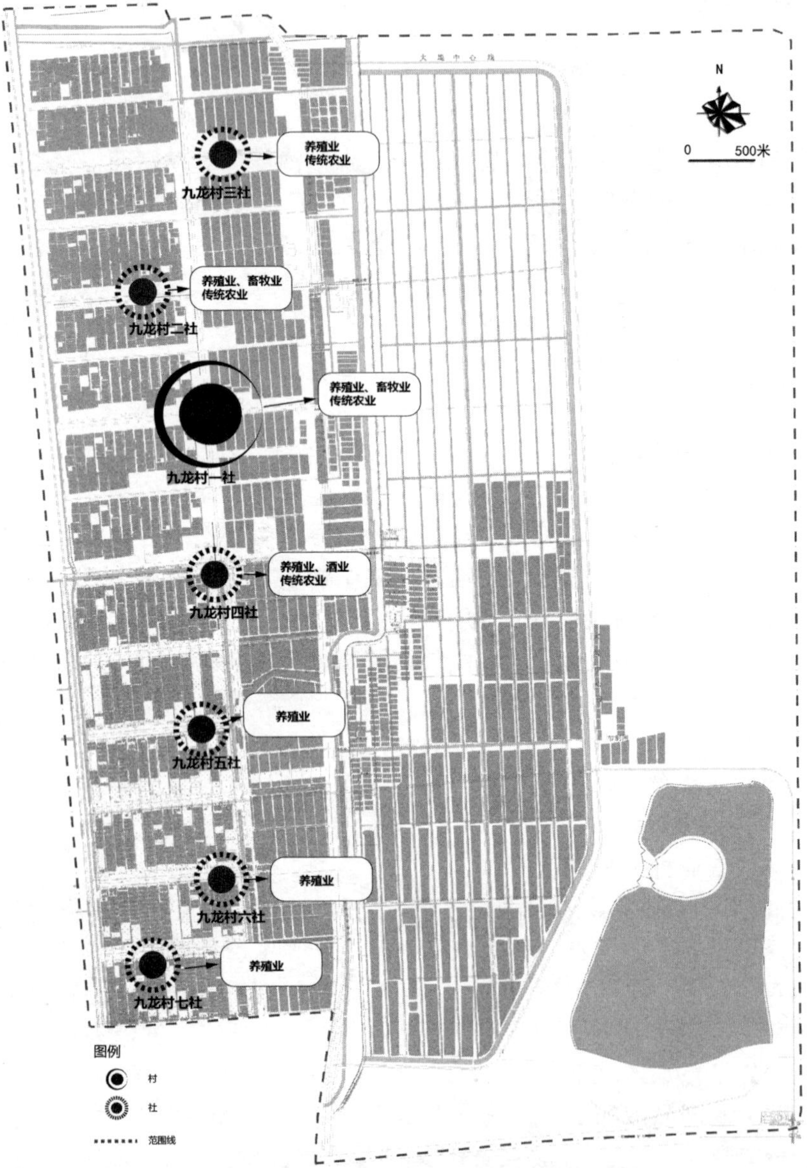
N
0　500米
养殖业
传统农业
九龙村三社
养殖业、畜牧业
传统农业
九龙村二社
养殖业、畜牧业
传统农业
九龙村一社
养殖业、酒业
传统农业
九龙村四社
养殖业
九龙村五社
养殖业
九龙村六社
养殖业
九龙村七社
图例
村
社
范围线

图 6-6　产业现状布局图

（3）特色工业

早在 2013 年，东凌垦区创建了当时全省唯一进口废五金电器、废电线电缆和废电机圈区管理试点园区，通过近三年的努力，已初步形成了以再生资源回收利用为主的循环经济产业园。在九龙村现有一家以白酒和海洋深层水生产销售为主的酒业公司。

（4）旅游产业

规划区东部有大面积滩涂以及海陆交接带，大豫镇有“中国文蛤第一镇”的美誉，每年吸引游客慕名前来品尝海鲜产品，东凌垦区现有大量风机，风车景观也为规划区带来了一定的游客，规划区旅游业发展潜力初显。

规划区目前经济结构和增长方式出现了一定的转变，工业服务业发展加快，主要以水产品加工生产、机械制造、酒生产为主，产业的生产效率偏低，企业规模较小，企业间未能形成产业链，未能形成足够的特色；循环经济产业园有自身的发展优势，主要发展以循环经济为特色的产业体系，形成自身的工业体系；服务业有了初步发展，以海鲜为特色的餐饮服务业正在不断发展壮大。

2. 产业发展方向

从规划区现有的资源基础和外部条件分析，未来产业发展应着眼于自身资源基础，充分利用循环产业园的优势，发展相关配套产业，壮大传统农副食品、纺织、金属制品等产业，形成独具特色的产业集群，同时应放眼区域，通过东凌湖度假区的开发建设，利用其他产业的发展带动，积极发展旅游业，融入沿海旅游发展的大格局中。

（五）分区评价

综合现状如图 6-7 所示。

1. 东凌垦区

片区西侧南北向有 S221 穿过，东侧为滨海高等级公路，新规划的 S334 贯穿东西，内部有 154 和 151 乡道呈十字交叉，交通状况较好；片区主要以农业种植以及水产养殖为主，产业发展基础较好，有自然形成的田园景观，同时在片区东部有风情独特的风车景观。

综合考虑片区发展条件，片区整体不做大规模的开发建设，充分利用片区旅游资源，转化为品质较高的旅游产品，将农业、工业与旅游融合发展，未来开发可考虑以田园风情观光、海鲜美食、海鲜文化体验等观光体验功能为主。

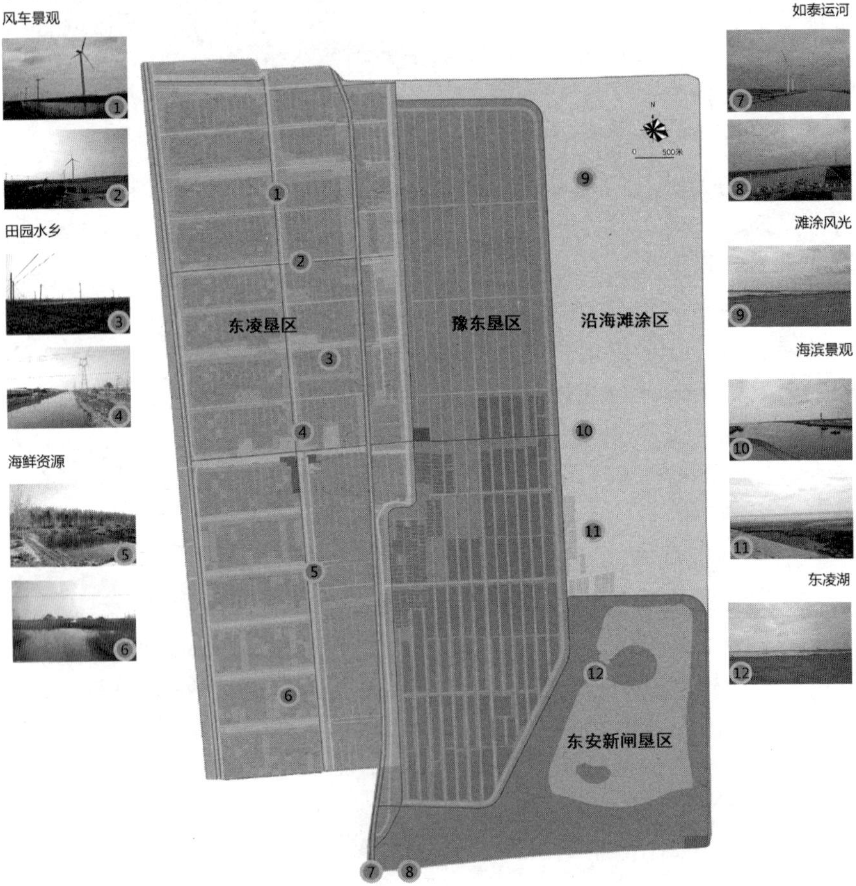

图 6-7　综合现状图

2. 豫东垦区

片区西侧为临海高等级公路，东侧紧邻滩涂，内部道路尚需完善，包括部分水产养殖基地以及部分农业种植用地，整个片区有大面积风车景观。

综合考虑片区发展条件，未来可结合用地现状，对片区进行整体开发，考虑风机影响，可依托风车景观打造特色观光以及运动休闲项目。

3. 东安新闸垦区

片区周边道路已基本形成，内部道路有待开发建设，主要旅游资源为东凌湖及周边农田景观。

综合考虑片区发展条件，未来重点对东凌湖进行开发建设，除开发部分水上娱乐项目外，重点考虑对东凌湖周边区域的开发建设，该片区为规划区核心启动区和重点开发区域。

4. 沿海滩涂区

片区为大面积滩涂及部分海域，尚未进行开发，有近 10 公里的海岸线景观。综合考虑片区现状条件，未来将充分利用滩涂的自然条件，主要进行滩涂娱乐、观光休闲项目的开发，结合海域，打造海上体验项目。

二、宏观基础——我在哪

（一）战略背景

1. 国家发展战略的梳理与评价

（1）国务院关于加快发展旅游业的战略背景

如东县旅游发展战略是贯彻落实 2009 年 12 月《国务院关于加快发展旅游业的意见》的具体行动。《国务院关于加快发展旅游业的意见》提出旅游业是战略性产业，资源消耗低，带动系数大，就业机会多，综合效益好，应提升发展质量，把旅游业培育成国民经济的战略性支柱产业和人民群众更加满意的现代服务业。

在这一战略背景下，如东县从经济社会发展全局着眼，致力于全面建设为世界知名、全国一流的具有科学性、示范性的综合性旅游目的地，与促进全市社会经济的全面、可持续发展的战略背景深度契合，是经济社会发展到现阶段的内在要求，是顺应经济社会发展客观规律、加快发展的新的重大机遇，是对“高点定位、整体规划、创新发展、长远谋划、循序开发”五位一体战略思想的具体体现，是加快科学发展、加速崛起、增加就业、富民强县的重大举措。

（2）《中华人民共和国国民经济和社会发展第十二个五年规划纲要》的战略背景

《中华人民共和国国民经济和社会发展第十二个五年规划纲要》以及《全国主体功能区规划》中指出，要加强基础设施建设，扩大铁路、公路、民航、水运网络。发挥东部地区对全国经济发展的重要引领和支撑作用，进一步提高能源、土地、海域等资源利用效率。推进京津冀、长江三角洲区域经济一体化发展，重点推进河北沿海地区、江苏沿海地区等区域发展，大力支持经济区加快发展，培育新的经济增长极。

如东县距上海 110 公里，位于上海 1.5 小时经济圈范围内，县内交通便捷，内外部连接性强。根据“十二五”规划纲要中对构建综合交通运输体系指导思想，首次建立国家战略层面的区域性规划，着力打造对外区域性交通联系的主要通道与洋口港主要疏港通道，铁路和高速公路等综合交通设施的建设使如东在大交通战略的带动下更好整合县域资源，发展县域经济，提高综合实力，为着力发展旅游优势产业、着力培育产业竞争新优势，以及加快发展战略性新兴产业、现代服务业和先进制造业提供了便利的交通基础，发挥地域资源优势，紧扣东部率先发展、发挥重要引领和支撑作用的主题，逐步走上打造新的经济增长极的道路。便捷交通对于如东县发展旅游经济有着重大战略意义，加强交通网络建设是加快实现经济圈城市带发展战略目标的重要举措。

（3）《国家新型城镇化规划 2014—2020 年》的战略背景

《国家新型城镇化规划（2014—2020 年）》中指出城镇化是保持经济持续健康发展的强大引擎，有利于增强创新活力，驱动传统产业升级和新兴产业发展。

如东县以旅游业开发战略为切入点，紧扣《国家新型城镇化规划（2014—2020 年）》《全国城镇体系规划纲要》和十八大报告等文件中支持推动的主题，通过大力发展旅游产业，带动第三产业的发展，引爆旅游业区域经济，推动县域产业结构优化，增加就业机会，增强县域经济发展水平，实现全县社会的综合统筹发展，推进城市建设，实现经济、社会、生态与旅游四个效益的协调统一，从而提升区域形象，改善全县的招商环境是目前如东县发展战略的重中之重，可以实现如东县自身发展和促进社会经济发展的双赢。

（4）国家“一带一路”倡议

国家主席习近平 2013 年 9 月 5 日在哈萨克斯坦访问时提出，中国愿同东盟国家加强海上合作，发展海洋合作伙伴关系，共同建设“21 世纪海上丝绸之路”，进而以点带面，从线到片，逐步形成区域大合作。

江苏处于“一带一路”的交汇地段，具有历史性发展机遇。随着“一带一路”的建设，从连云港到南通的沿海，要着重谋求产业发展新机遇，实现产业带动。南通作为江苏省滨江临海城市，正在全力打造江苏省深度对接“21 世纪海上丝绸之路”的桥头堡和新航线。近年来，南通与东盟双边合作呈现持续升温之势，借助“一带一路”的建设机遇，南通应积极拓展与东盟的商贸交流，谋求更大的合作机会。

2. 江苏省发展战略的梳理与评价

（1）社会经济发展战略

《旅游业是新常态下新的经济增长点》中指出旅游业对我国经济社会发展全局具有重要战略意义。习近平总书记指出，旅游业是综合性产业，是拉动经济发展的重要动力；李克强总理强调着力创新旅游管理体制，着力依法规范旅游市场，着力推进现代旅游产业发展，着力培育旅游经济增长点。《国务院关于加快发展旅游业的意见》中也提出战略目标：到 2015 年，旅游市场规模进一步扩大，国内旅游人数达 33 亿人次，年均增长 10%；入境过夜游客人数达 9000 万人次，年均增长 8%；出境旅游人数达 8300 万人次，年均增长 9%。旅游消费稳步增长，城乡居民年均出游超过 2 次，旅游消费相当于居民消费总量的 10%。经济社会效益更加明显，旅游业总收入年均增长 12%以上，旅游业增加值占全国 GDP 的比重提高到 4.5%，占服务业增加值的比重达到 12%。每年新增旅游就业 50 万人。可持续发展能力明显增强，力争到 2020 年我国旅游产业规模、质量、效益基本达到世界旅游强国水平。由此可见，从社会经济发展的客观要求出发和国家政策支持的角度来看，江苏省旅游业发展前景空间巨大。

《江苏省国民经济和社会发展第十二个五年规划纲要》以及《南通市国民经济和社会发展“十一五”规划纲要》的及时制定指明了如东县的发展方向，以旅游业发展作为经济发展的重心是把省委省政府的决策部署落到实处，是贯彻科学发展观的客观要求，顺应区域经济发展客观规律，直接关系着江苏省经济发展大局。

（2）江苏省沿海地区开发战略

《江苏沿海地区发展规划》于 2009 年 6 月由国务院批准上升为国家发展战略，海洋强国战略全面实施——“十二五”规划中明确提出要“大力发展海洋经济”“坚持海陆统筹，制定并实施海洋发展战略，提高海洋开发控制综合管理能力”，标志着“海洋强国战略”的全面实施。十八大报告明确提出：“提高海洋资源开发能力，发展海洋经济，保护海洋生态环境，坚决维护国家海洋权益，建设海洋强国”。如东县作为《江苏省海洋功能区划（2015—2020）》的重点发展对象，其发展有利于进一步扩大内需，引领和带动中部地区崛起，促进长江流域开发和区域协调发展，支撑并推动中国经济的新一轮持续稳定快速增长。

（3）江苏省加快旅游产业发展战略

江苏省政府以《国务院关于加快发展旅游业的意见》为战略支撑指导，制定了《江苏省政府关于印发江苏省旅游发展总体规划（2001－2020）的通知》，其 2015 年发展目标为建成国内一流、国际驰名的中国旅游强省。2020 年，旅游业将成为全省国民经济重要支柱产业，江苏成为世界一流的旅游目的地和我国重要的出境旅游客源地。

2015 年如东县政府工作报告提出要大力发展特色性服务业，以低碳科技为引领，以休闲观光、绿色生态和康体养生等系列主题旅游产品为支撑，全力打造区域旅游文化高地。这些产业发展战略方向的提出，不仅是如东县旅游发展的主题，更是对《国务院关于加快发展旅游业的意见》以及《江苏省旅游发展总体规划》的贯彻落实的具体化，将如东县旅游业打造为当地的支柱性产业和更加满意的现代服务业这一战略目标与国务院、江苏省对旅游业的规划和政策深度契合。

3. 专项发展战略的梳理与评价

（1）长江三角洲地区发展战略

《长江三角洲地区区域规划》于 2010 年 5 月由国务院批准，南通处于沿海、海洋两大发展战略的叠加区，合理利用海洋资源发展海洋经济，加快发展海洋经济，奋力领先江苏沿海开发，是南通市第十一次党代会做出的战略决策。如东洋口港在江苏沿海开发国家战略中占据了核心位置，成为江苏乃至长三角区域发展的重要增长极、江苏新一轮经济结构调整的重要载体，以及以长江为主轴的长三角地区南北区域均衡发展的重要节点。江苏省人民政府《关于南通港洋口港区总体规划的批复》基于沿海开发战略的重要性，在国务院“十五”“十一五”“十二五”规划纲要的战略指导下提出合理利用海洋资源、充分开发沿海城镇的战略思想。

如东县依托港口发展，加快沿海开发，增强经济发展潜力，深入实施沿海开发“六大行动”，是如东县经济开发新兴的服务配套功能，是加快提升沿海产业层次和不断提升开发水平的关键举措，是顺应国务院、江苏省制定的经济发展方向的具体体现，是加快如东县经济增长的重要战略。

（2）新能源发展战略

2010 年 9 月在国务院常务会议通过的《国务院关于加快培育和发展战略性新兴产业的决定》中，新能源被列为战略性新兴产业发展的七大重点方向之一。2012 年 7 月在国务院发布的《“十二五”国家战略性新兴产业发展规划》中，明确了“十二五”时期新能源产业发展的重点领域。

2009 年，如东县成为“全国绿色能源之都”，被中华文化促进会命名为“中国文化生态旅游强县”和“中国生态文化旅游名县”。2010 年，如东县被国家能源局等部门授予“国家绿色能源示范县”称号。在创造了如此辉煌的成绩后，如东县继续向国家旅游局申请成为全国第一个低碳旅游试点城市，作为低碳旅游示范城市在国家旅游局的海内外市场营销中进行宣传和推广。这不仅是对国家新能源发展战略的积极响应，也是如东县利用新能源发展战略飞速发展的一大机遇。借此机遇，以低碳科技为引领，以休闲观光、绿色生态和康体养生等系列主题旅游产品为支撑，使区域旅游文化高地成为如东县经济增长的摇篮。

（3）产业融合发展战略

《国务院关于加快发展旅游业的意见》中提出要推动旅游产品多样化发展。要实施乡村旅游富民工程，开展各具特色的农业观光和体验性旅游活动。合理利用民族村寨、古村古镇，建设特色景观旅游村镇，规范发展“农家乐”、休闲农庄等旅游产品。依托国家级文化、自然遗产地，打造有代表性的精品景区。积极发展休闲度假旅游，引导城市周边休闲度假带建设，有序推进国家旅游度假区发展。

如东县依托综合经济优势、交通区位优势、复合型旅游资源组合优势等，依据国家旅游业发展战略以及江苏省经济发展战略的指导，瞄准周边城市客源市场，促进康体养生、商务度假、生态体验、文化体验、后工业科技、新兴旅游六大旅游新业态的融合，创新旅游投资经营体系和旅游行政管理体系，加快旅游体制机制创新，推动如东县以旅游业为龙头的现代服务业在全国率先发展，打造全国旅游体制机制创新试点城市，建成多产业融合、满足广大游客不同需求的旅游区。

4. 总体判断

（1）契合国家战略

如东县的建设与发展有着与“十二五”规划纲要战略意义深度契合的背景，如东县重点发展的项目均为目前国务院对旅游业重点支持的项目，具有推进海洋经济发展战略、沿海开发战略、新能源发展战略、新型城镇化战略、江苏省委省政府重大决策部署的战略意义。在这些重大战略背景下，加快如东县建设能够带动整个经济区的发展，对于推进江苏省以及全国整个旅游业的发展具有重大战略意义。如东县的县域海洋资源优势明显，除了一般的休闲度假、观光娱乐活动项目外，生态海洋发展战略、滨海旅游，如远洋探险、邮轮旅游、海上垂钓、海底潜游、海上高尔夫、荒岛生存体验等特种旅游项目极具发展潜力，是黄海海洋文明的新标识、国际化海滨度假的新典范。

（2）顺应江苏省旅游经济发展趋势

近年随着旅游业的飞速发展，旅游业占 GDP 的比重逐年提高，同时长三角地区客流量大，尤其是上海地区游客总量大且游客消费能力较强，对东凌湖地区旅游业具有很强的带动作用，与江苏省“2015—2020 年引领和带动中部地区崛起，促进长江流域开发和区域协调发展”的战略目标深度契合。由此可见，从社会经济发展的客观要求出发和国家、省级政策支持的角度来看，江苏省旅游业发展前景空间巨大。

（3）占据资源融合发展优势

如东县规划区内东凌湖以及农渔业资源特色明显，资源开发潜力巨大，经过合理的规划开发和景观提升，可以转化为品质较高的旅游产品。人文旅游资源和自然旅游资源数量丰富且有机地融合，其中优质资源较多。以目前亚洲最大的风电产业区形成的特有风景和养生文化、农耕文明、温泉养生等特色资源为基础，进行南黄海风情旅游品牌、度假休闲文化旅游品牌、养颜养生地等旅游资源的整编组合可以形成旅游片区，便于规划开发，并且有利于提高如东县的旅游吸引力。这就满足了目前旅游市场注重休闲养生和温泉产品的市场需求，因此，以如东县的资源禀赋发展休闲度假产品是个不错的选择。

（4）具备广阔市场空间

随着交通格局和旅游基础设施的进一步优化，如东县独特的区位、便利的交通、优越的资源禀赋，奠定了该区域自驾游的广阔发展前景，休闲度假需求逐渐成为常态，旅游市场呈现观光旅游、休闲度假旅游和专项旅游三足鼎立的格局。如东县地处东凌湖旅游商圈辐射区，在长三角地区有很大的客流量且具备较高消费能力，因而在自助游和自驾游飞速发展的同时，如东县自助游或自驾游的发展具备广阔的空间，能够促进南黄海旅游新态势发展，这一项目将成为如东港城的新名片。

（5）符合地域文化特色

如东县独特的历史文化、民俗文化能够与海上丝绸之路文化品牌良好对接，强化了旅游文化营销，形成城市的文化特色和文化品牌，能够发展成为文化旅游创意产业。与国家支持发展文化旅游产业的战略思想相符，有着形成国际水准生态文化风情与特色景观融合的潜质和条件。

综上所述，根据国家战略支持以及如东县旅游资源综合评价，可以得出如下判断：如东县旅游资源具有较大的市场价值。因此，要充分利用其类型多样的旅游资源、独具特色的文化优势、交通便利的区位优势以及得天独厚的港口资源，就得在把旅游业作为重要支柱产业来打造的同时，积极开发富有影响力的如东休闲度假品牌旅游产品，整合自然旅游资源，并大力发展与之相关的产业形态，培育持续的旅游吸引力，这是如东县旅游实现又好又快发展的基础保障，有望在全国范围内产生较大影响，打造成国家旅游业引领发展示范区。

（二）产业背景

1. 全国旅游业发展特征及趋势

（1）国家战略实施塑造国内旅游发展大环境

2009 年出台了《国务院关于加快旅游业发展的意见》，第一次在国家层面把旅游产业确定为国民经济战略性支柱产业和人民群众更加满意的现代服务业，实现了旅游产业定位的历史性突破，并提出了“到 2020 年力争我国旅游产业规模、质量、效益基本达到世界旅游强国水平”的奋斗目标。2011 年《国民经济和社会发展第十二个五年规划纲要》正式提出，要把推动服务业大发展作为产业结构优化升级的战略重点，营造有利于服务业发展的政策和体制环境，积极发展旅游业。2014 年 8 月 9 日，正式发布《国务院关于促进旅游业改革发展的若干意见》，提出要推动区域旅游一体化，积极发展休闲度假旅游，大力发展乡村旅游，创新文化旅游产品，积极开展研学旅行，大力发展老年旅游，扩大旅游购物消费。2015 年国家旅游局提出“515”战略。这些都为我国旅游业发展提供了有力的政策保障。而规划区作为长三角旅游区的重要节点，其旅游资源优势能与国家战略具有很好的衔接，具有发展旅游业的强大潜力。

（2）旅游需求的多元化成为市场新特征

在我国经济持续稳定发展的大背景下，我国居民正处于旅游需求日益发展、旅游流动空间特征不断变化的阶段，我国独特的闲暇时间分布及居民旅游需求的变化制约了我国居民的空间行为特征。同时，动态发展中的旅游空间流动特征也会进一步影响居民旅游需求的变化，甚至会影响居民闲暇时间的分布，进而影响居民旅游行为的时间表现特征。伴随着国民旅游普遍化、多元化的发展。传统的景区景点观光、历史文化旅游等依然备受欢迎，中医药旅游、养生保健游、体育健身游、户外探险游、工业遗产游、会展奖励旅游、研学旅行与修学旅游等也蓬勃发展，自驾车游、房车游、邮轮游艇旅游、低空飞行旅游等更是热闹非凡。

（3）收益与风险双向累积将成为旅游投资新特征

2014 年，旅游成为各路资本逐鹿的主战场。据不完全统计，截至 2014 年 10 月底，全国较大型的并购和融资项目多达 120 项。新一轮的旅游投资热潮呈现四个明显特征：一是兼并收购日渐成风。2014 年，以携程、万达、京东、众信等为代表的知名企业围绕旅行和旅游服务的诸多环节加快了横向和纵向的兼并收购。二是在线旅游成为热点。据不完全统计，2014 年在线旅游获得的投资多达 50 余项。三是内外市场双向发展。一方面，天巡（Skyscanner）、普利斯林（Priceline）等境外企业看重中国旅游的市场规模和巨大潜力，竞相进入；另一方面，万达、海航、复星、绿地、安邦等国内企业也加紧海外并购的步伐。四是大型项目层出不穷。其中百亿元以上投资规模的项目达百余个。旅游投资泡沫化和旅游项目被房地产“绑架”的风险值得警惕。

（4）合纵连横的产业竞合格局成为新动向

旅游行业竞争的日益激烈，催生了各种同业和跨业的联盟，形成竞争与合作并存的新格局。在同业联盟方面，上下游、线上和线下企业之间的合作有所加强，同时竞争对手之间也加强了联盟合作。除了与其他企业建立或紧或松的联盟合作关系之外，越来越多的旅游企业，尤其是以开放性为核心特征的在线旅游企业实施了平台化发展的竞争策略。

（5）网络化和科技化旅游将成为新热点

旅游地距离的不断扩大、旅游者数量的迅速增加、旅游需求的日益复杂化和旅游服务智能化、特色化的趋势，势必要求旅游企业全面推进旅游信息化建设，进一步开发和提高电子预订系统，发展旅游电子商务，完善旅游预订服务，健全旅游信息调查和预报制度，建立以游客满意度为中心的管理模式，实施网络经营，通过国际互联网进入家庭，为旅游者提供更便捷的全球化网络联系方式和高度透明的全球化、智能化的全天候旅游服务，以迎合人们自由潇洒旅游的愿望。为了提升旅游企业的核心竞争力，高科技在旅游开发、旅游管理、旅游营销和旅游服务中将得以广泛应用，迅速提高旅游产品的科技含量，实现网络化、品牌化营销，推动新型旅游产品市场的成长，促进旅游业规模的加速扩张和旅游产业竞争格局的快速重组，实现旅游业向科技型、质量型和效益型方向发展。

2. 长三角经济区旅游产业发展特征及趋势

（1）区内旅游市场需求旺盛

长江三角洲是目前阶段我国区域范围最大、人口最多、势力最强的经济区，将率先全面建设成为小康社会和实现现代化。其经济社会发展和居民生活水平的提高，特别是城乡建设、环境保护、消费需求、产业优化、影响扩大、声誉提升等，使得区域内旅游需求旺盛，成为国内最发达的旅游客源地。从未来发展趋势来看，长三角经济区将会继续引领我国经济的发展，区内居民的消费水平和闲暇时间都将进一步得到保证，所以其旅游市场需求也将持续增强。

（2）区内旅游一体化进程推进较快

长江三角洲地区已经形成了很好的经济技术合作基础，旅游合作也不断增强。长江三角洲是我国最主要的旅游客源地和目的地，是我国旅游生产力发展水平高、市场机制比较成熟的区域，上海、杭州、苏州等城市一直是我国重要的旅游城市，城市之间的旅游合作做得更好。从区域整体看，长江三角洲旅游的资源、产品具有很强的相关性和互补性，历史文化与现代文明结合，山水景色与古典园林结合，人民生活的繁华富足与宗教世界的肃穆庄严结合，古运河与高速公路、电气化铁路交错穿行，高楼大厦毗邻水乡古镇，相互之间既具有竞争关系，更主要的是互补。产品和产业结构雷同一直是旅游业所要避免的，要在长江三角洲地区建设高水平的成熟旅游区，使之在新世纪中国旅游发展中起示范带动作用，就必须通过区域内各省市区县的协调配合，以编制区域旅游开发建设和发展规划等方式，来搞好内部的区域分工，增强旅游产品、项目的协调互补性及整体功能。

（3）区内旅游业态将在全国起到更多的示范引领作用

历史上，长江三角洲地区一直是我国经济发展的核心区域。从封建王朝时代的“苏湖熟、天下足”到“上有天堂、下有苏杭”的妙喻，从中国早期的资本主义萌芽到近现代工业的诞生地，其所创造的物质文明和精神文明，沿长江黄金水道和京杭大运河，向西向北传向全国。从旅游业来看，我国第一家旅行社就诞生在上海。今天，以上海为龙头的长江三角洲地区在经济社会发展方面对全国的示范、带动作用更为突出。因此，其在旅游开发建设和发展方面也将发挥出更为重要的示范带动作用。为了发挥好示范带动作用，长江三角洲地区在旅游资源和产品开发，旅游区和旅游设施建设，旅游规划及旅游项目设计，旅游活动策划包装和宣传销售，旅游组织接待和服务，旅游行业管理和制度建设等方面，均要加强探索、创新。其中，在旅游产品开发方面，度假、休闲娱乐、会展奖励等产品现阶段在我国具有很强的创新性，度假区规划、设计和开发建设，主题公园、展览中心、会议中心的规划、建设和管理，会展商务旅游、度假休闲旅游、康体娱乐旅游的组织、接待和服务等，也都需要摸索经验，形成规范和制度。这些都将成为全国其他地区借鉴、学习的对象。

3. 总体判断

（1）滨海、乡村、养老等主题旅游为区域旅游注入活力

规划区拥有长三角重要节点的区域优势，是长三角经济区主要的出海口和对外开放的重要门户，应充分发挥滨海旅游资源的特长，在国际上定位于特种滨海旅游的示范区。从中国国内旅游市场看，规划区作为长三角地区重要的旅游节点，应充分抓住国家重视滨海滩涂、乡村休闲、养老旅游以及休闲度假旅游的重要机遇，在国内不同

层面准确定位，抢占新一轮旅游竞争的制高点。

（2）特色化旅游产品将成为国内旅游产业新需求

随着亚太地区日益成为世界旅游业的重心，长三角在亚太地区和世界旅游产业格局的重要性也日益凸显，新区旅游发展需要充分把握国际旅游市场的变化趋势，需要不断更新旅游产品和项目以满足多元化需求和高科技变革。在国民大众旅游时代下，中国旅游市场发展的趋势也将由团队向散客化转变，将由单纯的观光游览向复合式的休闲度假转变。规划区旅游产业在滨海休闲、滨海度假、乡村休闲、乡村观光、医疗科技、生态体验等方面都具有一定的市场基础，需要进一步推动旅游产品结构的丰富和完善，重点打造一批特色旅游项目和精品游览线路，加快培育包含各大产业要素、各大产品业态的旅游大产业格局。

（3）多元融合化旅游目的地将成为区域旅游新方向

当前，旅游产业的竞争将由单个景区向整个目的地转变。规划区面临着强大的国际、国内旅游市场需求，规划区旅游产业的可持续发展必须倚重产业的不断融合。需要顺应现代产业融合发展趋势，打破旅游产业传统边界，大力延伸产业领域、拓展旅游要素体系，促进规划区旅游业和工业、农业、文化、体育、教育、林业、水利、地质、海洋、环保、气象、医疗等行业和领域的融合发展。为适应散客旅游等新兴旅游方式蓬勃发展的新形势，需要进一步健全滨海旅游、乡村旅游的支撑保障体系和公共服务体系建设，尤其是以旅游信息化建设为引领，全面推进其在旅游电子政务、景区管理、目的地管理当中得到广泛运用，充分发挥旅游业对现代服务业和国民经济发展的引领、促进作用。

（三）市场背景

1. 旅游市场总体发展趋势

（1）国内市场变化趋势：休闲旅游成为发展潮流

我国旅游市场已经呈现国内旅游、出境旅游和入境旅游三足鼎立的格局。国内旅游发展迅速，已经成为推动我国旅游经济的主要引擎，旅游产品从单一大众团队观光旅游向度假游、休闲游、康疗游等多样化的旅游产品序列转化；出行方式也更加多样，自助游、自驾游成为国民的重要出行方式。旅游业发展由点到面、由局部到整体，形成了各地、各部门全面推进的大格局。大部分省区市都将旅游业作为战略性支柱产业，85%以上的市地州盟、80%以上的市县区将旅游业定位为支柱产业。南通地区旅游资源赋存状况与国内旅游市场趋势呈现典型的需求—供给匹配状态。市场需求面的两个常态化进一步显化：旅游消费进入老百姓的常态化消费需求，成为人们日常生活的重要组成部分；旅游活动进入老百姓常态化的生活空间，旅游者的异地生活和市民的本地生活日益融为一体，休闲越来越成为主流的旅游动机。产业发展最突出的特征体现为创新驱动和跨界融合，资本、技术、年轻创业团队将继续引领行业发展。大众旅游的新发展对打破条块分割的传统管理体制提出了要求。

（2）区域市场变化趋势：长三角地区旅游蓬勃发展

从接待人次上看，2010 年江苏省、浙江省、上海市分别接待国内旅游者 3.56 亿人次、2.95 亿人次、2.15 亿人次，2014 年以上三省市对应数据分别为 5.7 亿人次、4.79 亿人次、2.7 亿人次，有大幅度提高。从旅游收入上看，2010 年以上三省市国内旅游收入分别为 4287.9 亿元、3312.6 亿元、2522.9 亿元，2014 年它们的对应数据分别为 9952.5 亿元、5947 亿元、2950.1 亿元，也呈现大幅增长趋势。

长三角具有得天独厚的旅游发展优势，有 5 个中国优秀旅游城市、48 个国家级 4A 景区、全国双百强旅行社 1/3 席位和总量 20%左右的旅行社、占有全国“半壁江山”的星级宾馆，以及明显的区位优势和活跃的体制、机制优势，为长三角旅游经济圈的打造创造了“天时、地利、人和”的条件。

（3）省域旅游发展趋势：进入旅游快速发展时期

近年来，江苏省以将旅游业培育为新兴支柱产业为目标，通过扩大投资、举办各种节会、积极承办旅游产业发展大会等措施，全力改善旅游基础设施，大力推进旅游产业发展。江苏省政府专门出台了《关于全面构建“畅游江苏”体系，促进旅游业改革发展的实施意见》，确立了目标：力争到 2020 年，实现旅游强省建设目标，全省旅游业总收入达到 14000 亿元，年均增长 10%左右。江苏省旅游产业进入快速发展时期，南通作为江苏旅游业重要的新兴力量，其旅游业必将融入全省旅游的重点发展方向，旅游业将进入快速发展通道。

（4）南通旅游发展趋势：旅游发展客源条件独具优势

区域旅游的全面发展为南通带来了外部客源机遇，南通旅游发展需要乘势而为，在长三角地区旅游全面发展的大背景下，逐步完善旅游接待设施，着力打造以休闲旅游、度假旅游和生态旅游为品牌的系列旅游产品。围绕南通市整体形象，宣传南通江海、文博、长寿、冠军、教育五张名片，促进"江海福地、休闲港湾"的城市形象确立。随着交通格局和旅游基础设施的进一步优化，南通在长三角旅游经济圈中的地位将逐步得到加强，旅游发展前景广阔。

（5）如东县旅游发展趋势：全力建设黄海旅游胜地

如东是一座用海港承载发展、用海鲜诠释生活、用海韵装点容颜的城市，以"海港、海鲜、海泉、海韵"为主体的自然景观打造了如东这个别具一格的旅游胜地。如东依托得天独厚的资源禀赋，全力打造东方深水大港、绿色能源之都、黄海旅游胜地。目前，全县建成省级旅游度假区 1 个，国家 AAA 级景区 2 家，省级自驾游基地 1 家，省级工业旅游示范区 1 家，四星级乡村旅游点 1 家，星级旅游饭店 10 余家。2008 年，如东被中国生态旅游专业委员会授予"中国最佳文化生态旅游目的地"称号。2009 年，如东被中华文化促进会授予"中华旅游生态文化名县"和"中国文化生态旅游强县"的称号。2010 年，如东被国际休闲产业协会、中国城市经济学会授予"中国十大低碳休闲示范城市"称号，"海上迪斯科"旅游项目被评为"最具国际影响力中国十大体育休闲旅游示范品牌"。2012 年，如东获得中国营销学会生态旅游度假养生分会、中国旅游热线、中国县域经济协会授予的"中国最佳生态休闲旅游目的地"称号。

2. 长三角旅游市场特征与趋势

（1）长三角经济总量巨大，人均优势明显

长三角地区以全国 2.2%的陆地面积、10.4%的人口，创造了全国 22.1%的国内生产总值、24.5%的财政收入、28.5%的进出口总额。

2008 年 9 月 16 日，国务院颁布了《进一步推进长江三角洲地区改革开放和经济社会发展的指导意见》，正式将长江三角洲地区由中国综合实力“最强的区域之一”演化到“最强的区域”。长三角地区庞大的经济总量和人均收入，是推动如东县旅游产业融合发展的强大动力。据官方机构预测，到 2020 年，长三角地区将形成以现代服务业为主的产业结构，三大产业协调发展。长三角地区庞大的经济总量和强大的旅游产业基础决定了如东县旅游产业融合发展具有巨大空间，如表 6-3 所示。

表 6-3　2014 年长三角各省市旅游人次与收入一览表

地区	国内旅游		入境旅游	
	人数（亿人次）	收入（亿人民币）	人数（万人次）	收入（亿美元）
上海市	2.7	2522.94	639.62	64.05
江苏省	5.7	4287.9	297.1	47.8
浙江省	4.79	3312.6	931	39.3
全国	36.1	30312	12849	569

（2）亚太地区重要国际门户，国内外重要目的地

长江三角洲地区是我国经济社会发展和工业化、城市化、现代化水平最高的区域之一，其旅游发展趋势和特征对我国旅游在 21 世纪的发展具有重要的先导、示范效应。由经济社会发展水平所决定，当前长江三角洲地区的旅游发展，在功能作用、开发建设目标和基本形式等方面，都会呈现出与全国大部分区域，特别是与处于大开发中的西部地区完全不同的趋势。其中最主要的趋势有：在客源市场定位方面将以区域内市场为主，同时兼顾出入区域旅游；在旅游发展目标方面将以社会效益和环境效益为主，兼顾经济效益；在产品开发建设方面，休闲度假、商务会展和游览观光并重；在开发建设和发展的组织形式方面，区域内的合作、协调将不断加强。

（3）休闲度假旅游产品市场需求庞大

第一，旅游度假高端化，旅游体验深度化。休闲度假是旅游发展的高级阶段，也是中高收入阶层旅游的主要内容。据官方资料统计，

目前全国70%的高收入阶层分布在长三角等三大发达区域，而长三角的高收入阶层数量最多。约占总人口20%的中产阶层家庭旅游群体是目前休闲度假旅游的主体，预计到 2020 年，中产阶层将有望达到40%左右。随着中高端客群的增多，旅游度假必然向高端化、深度化的方向发展。

第二，家庭出游明显化，出游方式自驾化。长三角地区家庭汽车持有量居于国内领先地位，据华东师大旅游系主任楼嘉军针对上海居民的统计，黄金周期间长三角地区自驾游与自助游占极大比例，自助游与自驾车游逐渐成为游客与市民出游的新动向。自驾车自助休闲旅游引领休闲旅游新潮流。据国家信息中心预计，我国 2015 年有望超过美国成为全球第一大汽车市场，全国持有驾驶执照人数将超过 4000 万，全年相对固定的自驾车游客达 1467 万人。自驾车出游已成为有车一族的出游方式，成为双休日出游的一道亮丽风景线。

第三，居民出游动机休闲化，度假旅游主流化，养生需求突出。据上海市卫生部门抽样调查显示，2007 年亚健康人群约占全上海总人口的七成，约 1200 万人。其中主要以中年群体为主，白领阶层是亚健康的主要人群，企业管理者有 85%以上处于亚健康状态。在众多的养生方式之中，温泉养生旅游已成为长三角市民冬季旅游的一大热点。长三角地区的热门温泉度假酒店客房长期客满。市民对于纯天然、无污染、原生态的旅游消费品极为热衷。

通过对长三角旅游市场的分析，可以初步判定长三角地区庞大的经济总量和强大的旅游产业基础决定了南黄海东凌湖滨海旅游发展的巨大潜力。

3. 南通旅游市场概况

（1）旅游市场概况

第一，观光旅游者为主。南通市旅游起步较晚，但正逢国民大众化休闲旅游快速发展的时期。从当前提供的旅游产品来看，主要是观光、休闲资源为依托开发的旅游产品，未对资源进行深度开发。而当前主流市场是以休闲旅游为主，所以未来南黄海东凌湖应该在这些方面加大开发，积极应对国民休闲时代的旅游产品需求。

第二，国内市场呈现扇形圈层结构。从南通地区当前旅游市场的分布来看，在空间分布上，客源市场以南通为中心，呈现“扇形＋辐射状”结构特征。同心圆主要分为两个层次：第一层次是以南通市当地居民和周边居民为主的基础客源市场；第二层次是以上海、浙江、江苏等中距离城市游客为主的机会客源市场，并通过地域相似特征，逐步辐射到中部等地区。

第三，长三角地区客源优势明显。南黄海东凌湖地处江苏省如东县东部海岸带，长三角北翼，东临黄海，西邻如东县城和广袤的苏北平原，北连国家一类口岸洋口港，南接南通滨海园区，位于上海 1.5 小时经济圈范围内。所以，对长三角地区客流具有极大的吸引力，尤其是上海地区游客总量巨大，加之上海游客消费能力较强，对东凌湖地区旅游业具有很强的带动作用。

从近年来的统计数据来看（表 6-4），南通市的入境旅游者接待数量在 2012 年前一直保持着 14% 以上的年均增长率，而入境旅游收入保持在 10% 左右的增长水平。但在 2012 年后入境游客接待数量逐步下滑，到 2014 年仅有 18.7 万人次，入境旅游收入为 1.1 亿美元，绝对数量较为可观，但在长三角整体对比下，优势不足，所以大力开发海外市场，吸引海外游客到南通旅游具有非常重要的战略意义。

表 6-4　南通市入境旅游业发展趋势

年份	入境游客（万人次）	增长率（%）	入境旅游收入（亿美元）	增长率（%）
2010	35.31	18.4	3.61	16.6
2011	40.49	14.0	3.99	10.7
2012	44.1	8.9	4.3	7.7
2013	21.7	−7.6	1.1	−4.8
2014	18.7	−13.7	1.1	−11

旅游接待人数及收入稳步增长。近年来，南通市将旅游产业作为区域经济发展的重点产业来培育，其重要地位已逐步在全市上下形成共识。从近年发展趋势来看，该地区旅游保持着稳步快速的发展趋势。

接待人数和旅游收入都增长较快，从接待人数来看，2010 年接待人数共 1802.30 万人次，2011 年超过 2149.46 万人次，2012 年超过 2407.5 万人次，2014 年接待海内外旅游者超过 3000 万人次，接待人数年增长率均保持在 12%以上，有着良好的发展趋势。从旅游收入来看，2010 年旅游收入仅为 230.19 亿元，2011 年增长为 282.44 亿元，2012 年超过 300 亿，2014 年旅游收入超过 400 亿元，旅游收入年增长率保持在 14%以上，具有良好的经济效应和发展趋势，如表 6-5 所示。

表 6-5　南通市旅游业总体发展趋势

年份	接待人数（万人次）	增长率（%）	旅游收入（亿元）	增长率（%）
2010	1802.30	19.2	230.19	27.9
2011	2149.46	18.5	282.44	22.7
2012	2407.5	18.3	331.5	17.4
2013	2737.3	12.6	360.6	15.8
2014	3066.3	15	412.1	14.3

（2）旅游客源结构

第一，男性和中青年游客是南通旅游的主要客源。在南通地区现有的客源市场中，男女比例基本持平，其中男性略高于女性，但近些年来女性旅游市场受到了很大关注。从南通地区旅游客源市场的年龄分布来看，总体呈现“中间大，两头小”的分布态势，即客源市场以中青年为主，其中 25～55 岁之间的游客是南通地区的核心游客。这说明该地区的旅游客源市场在青少年儿童以及老龄群体的开发力度上还有待加强，应充分挖掘老龄市场，开发旅游吸引物，扩大吸引对象，使其客源市场的对象群体逐渐趋于合理。

第二，低消费游客群是南通地区旅游市场主体。南通地区当前游客的旅游计划花费处于中等偏下层次。这要求未来旅游发展中该地区应在保持中档游客满意程度的前提下，通过强化已有的特色旅游商品（特别是旅游纪念品、休闲产品、餐饮产品），开发更多的特色旅游产品，吸引并刺激游客的购买及消费欲望，拉动该消费群体的消费数额，同时积极吸引高收入旅游者来此进行高端消费。

第三，观光旅游型游客结构仍然占主导地位。南通地区和全国大部分地区类似，其旅游资源主要体现在观光型旅游方面，这种旅游形式也是比较便捷和方便，但对于延长游客逗留时间和回头率来看，休闲体验型旅游更具优势。近些年来，国家大力提倡旅游由观光型向休闲体验型旅游转变。南通地区具有良好的休闲体验型旅游资源，尤其以生态休闲渔业、海洋旅游为代表的旅游资源亟待开发，以适应新时代的旅游需求。

第四，初次短期游览为主。当前南通地区的外地游客大部分是首次旅游，而停留时间也主要集中在1～2天。可见，南通地区旅游客源市场以周边短期度假游客为主，在当地停留的时间不长。相应的，南通地区应在巩固短期旅游度假产品成果的基础上，不断丰富和完善旅游产品，延长游客的逗留时间。另外，灵活多样的旅游形式将有助于提高游客的回头率和增加逗留时间，不仅仅局限于静态的观光旅游，更应该增加多样的动态型旅游，如旅游演艺等游客参与性项目。

第五，信息获取途径以口口相传为主。由于旅游市场营销较少，游客旅游信息获取主要以口口相传为主。而长三角地区的旅游口碑较好，且很多游客比较信任口碑式宣传的效果，游客在旅游目的地的选择上，更倾向于参考亲朋好友出游的感受及推荐意见。此外，媒体宣传也起到了一定的效果，然而在利用互联网进行宣传的效果上却不理想。目前南通地区在广告宣传以及与旅行社联手促销方面也有待加强，建议在提高游客满意程度的基础上，灵活采用活动宣传、网络宣传、报刊宣传等方式。同时，可以结合近两年的信息技术，如微信，手机应用软件等，对旅游目的地进行形象宣传。

4. 总体判断

未来 3～5 年，我国将由大到强、由快到好，实现从初步小康型旅游大国到全面小康型旅游大国，再到初步富裕型旅游强国的新跨越。到2020年，从初步小康型旅游大国迈向全面小康型旅游大国，年人均出游次数到5次以上，达到中等发达国家水平，我国旅游业在规模、质量、效益上都达到世界旅游大国水平。

针对全国和长三角休闲旅游市场发展趋势，如东县具有发展旅游新产品新业态的市场优势、资源优势和文化优势。如东县应该着力于南黄海东凌湖地区优势旅游资源的利用与开发，大力打造休闲、度假、养生、海滨等旅游新业态，加强生态建设与环境保护。大力开发海滨游、自驾游、老年游、海鲜游、商务会议游等专项旅游产品。以“南黄海风情观光旅游、生态休闲旅游、特色文化旅游”的三个发展方向为特色，大力提升如东旅游的吸引力和竞争力。紧紧围绕“海港、海鲜、海韵”三大亮丽名片展开工作，做到以“海”兴游、富民强县，强力推出一批重点旅游项目，形成全县旅游“一心五区”的总体发展框架，建设如东县城旅游服务中心、洋口渔港休闲度假旅游区、苴镇滨海生态旅游区、洋口大港旅游观光区、东凌湖旅游度假区等。

第七章　南黄海东凌湖滨海旅游发展：发展定位和战略路径

基于杠杆原理的旅游发展与规划逻辑思路，共分为四步（图4-2），本章是第二步（图7-1），重点解决南黄海东凌湖滨海旅游的发展定位和实施路径，回答“到哪去”“怎么走”的问题。

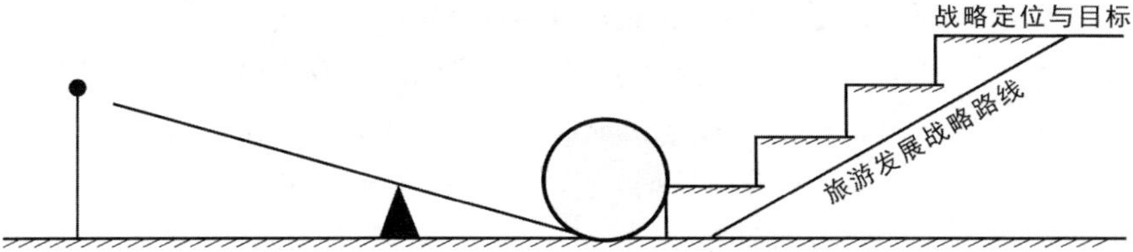

图7-1　发展定位和战略路径

一、发展定位——到哪去

（一）发展定位

1. 总体定位

以“南黄海渔鲜文化旅游产业综合体”为南黄海东凌湖滨海旅游发展的总体发展定位。

该总体定位的释义为：以渔鲜文化为魂，以旅游产业为脉，实施文化旅游双核驱动战略。这就是通过旅游产业的植入，以特色旅游项目建设为抓手，整合提升原有产业，聚集培育新兴产业，旅游成为盘活区域产业结构的新动力，从而推进区域产业结构的重组与升级，打造南黄海渔鲜文化旅游产业综合体。

本项目以独具南黄海景观风貌特色的文化旅游产业示范基地为总体目标，将致力于打造南通国际港城的新名片、南黄海海洋文明的新标识和国际化海滨度假的新典范。

2. 主题定位

以“新生东凌湖、鲜活南黄海”为南黄海东凌湖滨海旅游发展的主题定位。

该主题定位的释义为：

（1）新——基本词义：“新生、新鲜、新奇”

■　以生命轮回诠释对生命的尊重。

■　基地的“新”元素：新生命起源、最新的土地、新兴的产业、年轻的人群、新生的能源、新型的城镇、新鲜的食品、新生的海鲜苗、新开发的滨海湖泊、新建向阳岛、新家园、新的生活方式等。

（2）鲜——同音异形字（鲜、闲、咸、现、先、仙、贤）

■　鲜——海鲜、鲜活的旅游市场、鲜明产品项目；

■　闲——休闲的发展趋势、如东休闲的旅游环境；

■　咸——如东千年盐运文化、盐文化的演绎活化；

■　现——现代化的配套服务、现代化的新生能源；

■　先——征服海洋的先人、先进的管理理念；

■　仙——富有仙气的长寿文化、特色的养生环境；

■　贤——名人效应、贤人范公、范公堤文化景观。

3. 形象定位

以“如东太阳花，欢乐东凌湖”和“如意人生，东方生活——中国如东”作为南黄海东凌湖滨海旅游发展的多解形象定位。

与之匹配的宣传口号建议如下：

■　新鲜如东，渔乐无限！

■　欢乐南黄海，娱乐百分百！

■　鲜活南黄海，旅游新岸线！

■　一次穿越海洋文明的时空之旅！

4. 功能定位

本项目拟建成一个集康体度假、休闲娱乐、文化体验、创意产业、休闲渔业、品质人居等于一体的文化旅游产业综合体，并形成五大功能主题海岸。

（1）假日海岸——针对商务人群的会议度假，针对老年人的养老度假，针对中青年的康体养生度假，针对家庭市场的亲子度假。

（2）鲜活海岸——以海鲜为主题的文化创意、海鲜贸易旅游体验；承接海洋文明、对接海上丝路的文化交流。

（3）动感海岸——集海上运动、水上运动、滩涂运动、汽车运动于一体的动感、欢乐、刺激体验。

（4）幸福海岸——以渔乡风情、田园水镇为基底的品质人居、健康养老养生基地。

（5）欢乐海岸——以儿童市场为核心，驱动家庭市场，打造一处融合梦幻海洋、田园牧歌、回归自然、自由撒欢的欢乐梦工厂。

（二）发展目标

1. 目标定位

将"国家级渔鲜文化创意产业示范基地""大上海国际生态文化旅游度假区""南通渔鲜文化旅游产业综合体"作为南黄海东凌湖滨海旅游的发展目标。

目标定位的释义为：构建极具渔鲜文化风情的"生态文化型"休闲度假胜地，培育生态、文化、田园、旅游、产业五大可持续发展体系，实现从海鲜养殖基地到国家级渔鲜文化创意产业示范基地的转变，从海洋滩涂公园到国际化生态文化度假区的转变，从工业能源基地到旅游导向型创意产业综合体的转变，最终实现城市与乡村、陆地与海洋、自然与生态的平衡发展。

2. 目标体系

（1）生态环境目标

坚持可持续旅游发展观，加强对生态环境的科学保护；强化环境综合整治；提高植被覆盖率和绿地率；净化水环境，降低噪音污染，净化大气环境。

（2）经济产业目标

吸引更多的旅游者，逐步实现旅游产业的转型增效；提高旅游收入，提高旅游业占国内生产总值（GDP）的比重；提高地方居民收入水平；强化旅游的乘数效应和产业集聚效应。

（3）社会发展目标

增加社会就业人数，以旅游业发展带动“三化”进程，提高社会文明程度；获得地方居民对旅游业的支持，让更多的地方企业和居民参与旅游并获益；树立良好的社会风气，促进和谐社会和小康社会发展，提高旅游者满意度。

（4）文化保护目标

弘扬如东县的历史文化、民俗文化，对接海上丝绸之路文化品牌；强化旅游文化营销，形成城市的文化特色和文化品牌；打造差异化市场竞争力，发展文化旅游创意产业。

二、战略路径——怎么走

（一）产业导入

1. 四大基础产业升级换代

当前，基地赋存三大基础产业，分别是以九龙村的海鲜养殖业为主的核心经济产业，以风车基地为基础的新能源产业，以东凌港为载体的渔鲜商贸产业，以如东循环经济产业为背景的新型工业。

以旅游产业链为依托，整合包括以海鲜养殖为代表的休闲渔业，以新能源基地为基础的特色体验旅游，以渔鲜贸易为基础的创意商贸旅游，以工业资源为基础的工业观光旅游，实现区域四大基础产业升级换代。

2. 四大新型产业创意植入

通过研究分析，基地资源要素丰富，长三角市场前景广阔，以旅游产业为主导，结合区内资源基础，在不破坏景区自然环境的前提之下，合理延伸旅游产业链，适宜构建养生养老产业、文化创意产业、商务度假产业、休闲娱乐产业等新型产业形态。

以文化旅游产业链为依托，结合东凌湖地块优越的基地环境，整合以海鲜文化为代表的文化创意产业，以及环东凌湖地带的商务度假产业、养生养老产业、休闲娱乐产业等，衍生和拓展出整个渔鲜文化旅游的产业链条。

3. 智力产业后续储备

考虑未来基地新产业的培育和发展，规划建议预留一定的产业发展空间。重点可以考虑引驻新型技术智力产业，如通过对数字产业基地入驻条件的分析，对配套水冷系统水质的高要求，南黄海东凌湖片区，水资源丰富，且冷能资源利用便捷，建议数字产业作为规划考虑的产业储备之一。

（二）融合发展

充分发挥东凌湖度假区渔业养殖为核心的产业独特优势，不断加强旅游产业、休闲农业的辐射带动作用，形成以旅游产业为核心驱动的八大产业融合发展格局，如图 7-2、图 7-3 所示。

八大产业融合发展，即以旅游业作为整个区域的主导产业和支柱产业，实现旅游业统筹下的特色休闲渔业、文化创意产业、新型能源产业、养生养老产业、商务度假产业、创意商贸产业、休闲娱乐产业、工业观光产业八大产业的融合发展。

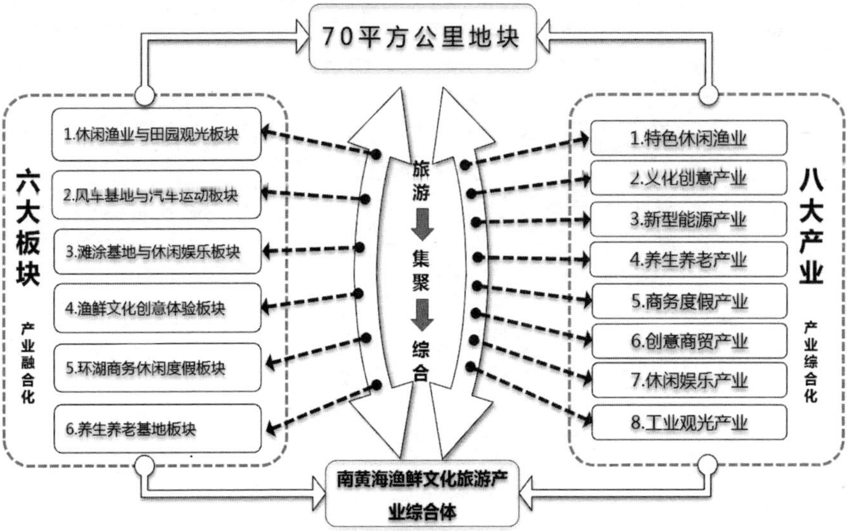

图 7-2　产业融合发展逻辑结构图

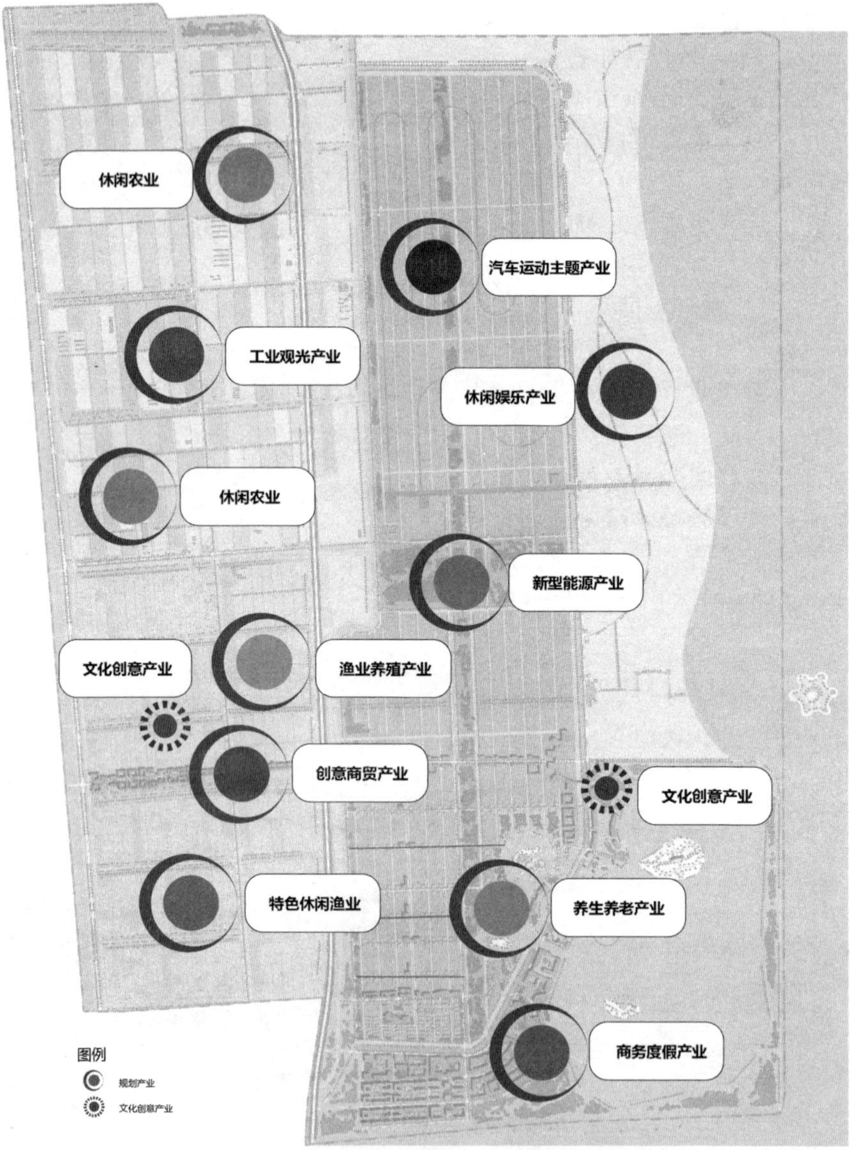
休闲农业
汽车运动主题产业
工业观光产业
休闲娱乐产业
休闲农业
新型能源产业
文化创意产业
渔业养殖产业
创意商贸产业
文化创意产业
特色休闲渔业
养生养老产业
商务度假产业
图例
规划产业
文化创意产业

图 7-3　产业体系布局图

充分发挥旅游业的乘数效应，逐步提高第三产业对第一产业及相关加工产业的附加值，最终实现第一产业、第三产业联动发展。

六大板块联动支撑，即在八大产业的融合发展下，区域未来将形成六大核心板块：休闲渔业与田园观光板块、风车基地与汽车运动板块、滩涂基地与休闲娱乐板块、渔鲜文化创意体验板块、环湖商务休闲度假板块、养生养老基地板块。

（三）路径指引

将 2015—2030 年划分为 3 个发展时序，以文化旅游创意项目为引擎、以高端旅游配套为基础、以旅游产业聚集为核心，形成“创意项目带动——高端配套跟进——产业集聚发展——土地价值提升”的指引路经，实现产业发展、海陆统筹、城乡一体的共赢目标，如图 7-4 所示。

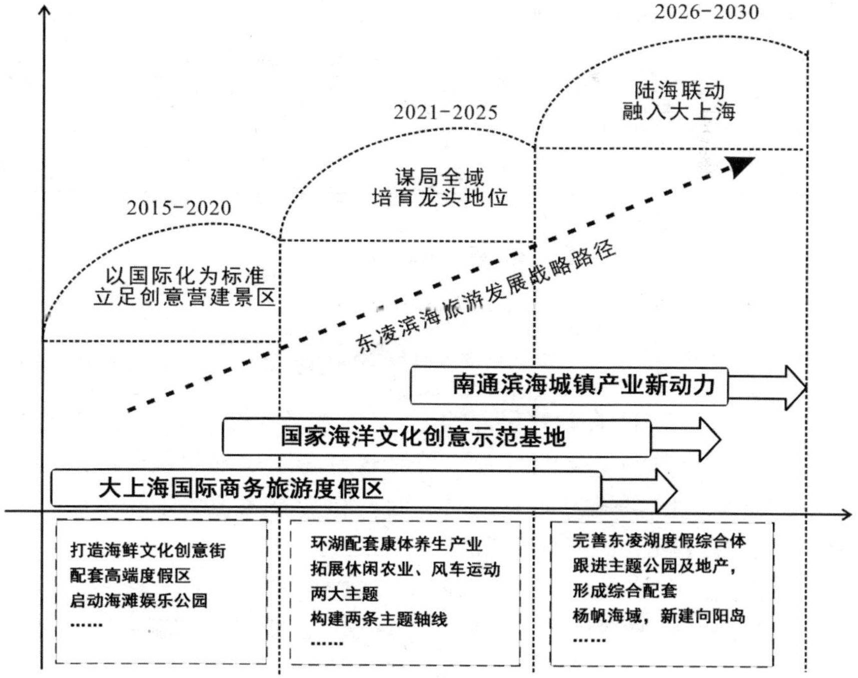

图 7-4　发展路径示意图

第八章　南黄海东凌湖滨海旅游发展：突破重点和规划手段

基于杠杆原理的旅游发展与规划逻辑思路，共分为四步（图4-2），本章是第三步（图8-1），重点解决南黄海东凌湖滨海旅游发展的突破重点和规划手段，回答"发力点""咋发力"的问题。

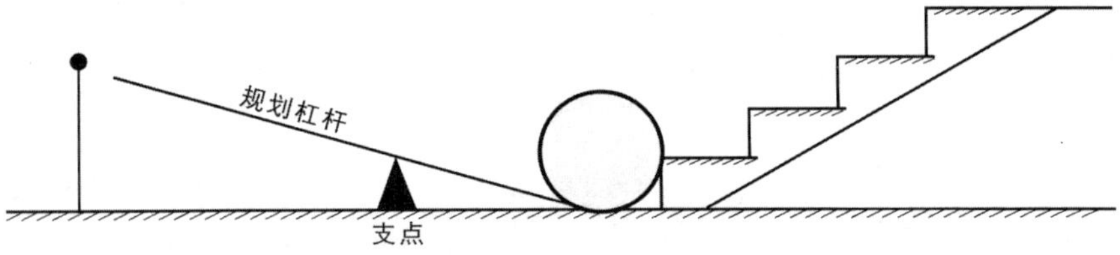

图 8-1　突破重点和规划手段

一、突破重点——发力点

（一）理念创新

依据对该项目旅游资源的整合提炼及各个资源的空间分布特征，结合南黄海的文化渊源及当地对南黄海东凌湖度假区的发展愿景，经抽象凝练，提出如下空间意向，作为发展理念来统筹整体布局：如东太阳花，面向朝阳怒放的生命之花。

该空间意向的确定思路来自两个方面：

一是深度研究规划区土地历史。规划区土地是由如东人民向黄海搏击所得。土地开垦年限由陆地向海域分别为1981年、2006年、2009年，这个时间序列演绎了生命之轮回，由海到陆，由幼到老。说明这是一片“新”的土地，充满活力的土地。

二是对规划区内旅游资源的提炼。所有的资源指向一个“新”字，新土地、新产业、新能源、新城镇、新海鲜、新家园、新生活……“新”字说明了如东县从无到有的过程。“新”字说明这是一个充满活力与青春的地方，正如太阳花一样，面向朝阳，茁壮成长，怒放生命。

因此，本规划提出南黄海东凌湖度假区的总体空间意向为“如东太阳花，面向朝阳怒放的生命之花”。作为对该项目空间特点和景观特色的高度概括，并以此统领整个景区的空间结构与功能分区。

水是生命的之源，生命之花不能离开水。该项目濒临南黄海，南接如泰运河，水是该项目的灵魂和生命力，故在“生命之花”空间意向之余，增加水网的设计，来贯穿整个项目，使项目更具有灵动性和生命力，如图 8-2 所示。

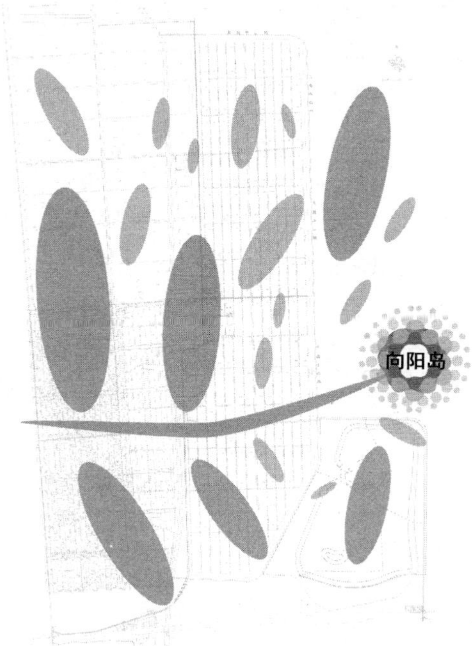

图 8-2　统筹整体布局的空间意向理念创新

（二）项目突破

南黄海旅游区的区位交通优越，海洋物产丰富，海洋文化深厚，是长三角北翼新的海洋经济功能载体。如何提升海洋资源优势、培育海洋旅游产业体系、促进地方社会稳定发展和生态环境健康发展是关心如东南黄海地区的社会各界棘手而急迫的问题；在借鉴国内外成功经验、把握旅游市场发展趋势、创新旅游产品结构、倡导生态环境保护、优化融资结构的原则下，以创建国际领先的滨海养生休闲娱乐型旅游目的地为标准，挖掘南黄海地方海洋文化内涵，构建集“休闲、娱乐、生态、文化、养生”功能于一体的综合型南黄海旅游项目体系是其旅游发展的关键所在，也是未来如东社会经济发展的重要支撑。

1. 项目开发总体思路

如东南黄海旅游区主要由如东县东部填海养殖区、沿海滩涂区和东凌湖库区构成，地理位置优越，资源禀赋独特，但由于缺乏合理的规划，旅游配套设施尚不完善，旅游开发起步较晚，旅游影响力有待提升，成为如东旅游发展的瓶颈。

为了凸显南黄海旅游区的资源特色，提升南黄海的旅游吸引力，建议整合本地区的滩涂资源、农产品养殖、海洋民俗、海鲜文化、养生文化等旅游资源要素，凝练旅游发展主题，全力打造南黄海海洋文化体验与养生休闲基地，如图 8-3 所示。

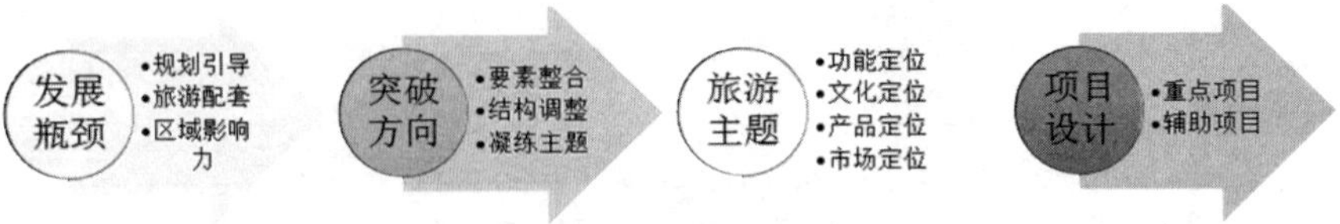

图 8-3　项目开发总体思路

2. 项目结构体系设计

（1）重点项目类别选择

根据作为南黄海旅游区的资源特色和文化特色，重点项目可以从滩涂旅游、汽车运动、休闲农业、滨海城镇、养生文化休闲 5 个方面入手，作为旅游区的引爆点项目，近期或近中期投入招商融资，如

表 8-1 所示。

表 8-1　旅游项目体系设计——重点项目

项目级别	项目名称	项目定位	项目内容	规划时序
重点项目	滩涂国家公园	滨海旅游 文化旅游	滨海休闲、渔耕文化体验、海洋运动	近期
	汽车文化主题公园	汽车旅游 高端旅游	极限运动、亲子娱乐、汽车营地、汽车文化科普	中远期
	海洋特色生态农场	乡村旅游 生态旅游	生态农庄休闲、滩涂养殖体验	近期
	航海小镇	文化旅游 休闲旅游	旅游创新小镇、海鲜美食休闲、海洋文化民俗体验	近中期
	养生文化城	银发旅游 休闲旅游	智能化生态康疗度假、养生文化社区	近中期

（2）支撑项目类别选择

支撑项目作为重点项目的必要补充，承担南黄海旅游区的辅助功能，针对南黄海旅游的市场定位，支撑项目可主要开发生态旅游、运动休闲、会展旅游、低空旅游产品等，与重点项目形成功能互补，打造“休闲、娱乐、生态、文化、养生、商务”综合旅游区，以提升旅游区的综合吸引力，延长旅游者停留时间，增加旅游消费收入。如果规划合理、运营得当，成功的支撑项目也有可能会成长为旅游区的重要项目。表 8-2 中列出项目内容可供规划甄选，具体项目建设并不局限于表中内容设计，可从滨海旅游、水上旅游、文化旅游、生态旅游、会奖旅游、老年旅游六大类别中进行策划。

表 8-2　旅游项目体系设计——支撑项目

项目类别	项目内容甄选	项目定位	规划时序
滨海旅游项目	生态码头	滨海旅游服务配套项目	近期
	游艇运动基地	滨海旅游运动休闲	近中期
	海上汽车主题餐厅	滨海旅游餐饮配套项目	中远期
	海上四季阳光餐厅	滨海旅游餐饮配套项目	近期

续表

项目类别	项目内容甄选	项目定位	规划时序
水上旅游项目	水上鱼市	传统鱼市文明的创意创新	近期
	水上乐园	大型水上亲子互动项目	近中期
生态旅游项目	观鸟生态科普基地	观鸟旅游生态教育	近中期
	循环经济能源体验馆	新能源科普，节能技术推广	近中期
文化旅游项目	祭海节庆体验园	海洋文化体验互动	近期
老年旅游项目	养生主题酒店	海陆空立体观光，高端旅游	中远期
会奖旅游项目	养生长寿文化论坛	亚洲医学界的博鳌论坛	近中期
	如东会议中心	会奖旅游配套项目	近中期

二、规划手段——咋发力

（一）空间布局

依据空间意向，并综合考虑旅游道路的设计、空间功能的互补、旅游项目的布局，南黄海东凌湖度假区的旅游发展拟采用如下空间结构：“生命枝干”——双轴引领；“太阳花”——一核；“六片叶”——六区联动。如图 8-4 所示。

1. 双轴

（1）滨海景观风情体验轴

规划位置：沿滨海高等级公路。功能定位：主题养老、文化休闲、养生度假。

（2）海洋文明时空展示轴

规划位置：沿新规划的县道。功能定位：主题养老、文化休闲、养生度假。

2. 一核——向阳岛

规划位置：沿新规划的县道延伸至海面上。功能定位：军事拓展、会议论坛、特色运动。配套项目：游艇俱乐部、风雨廊桥。

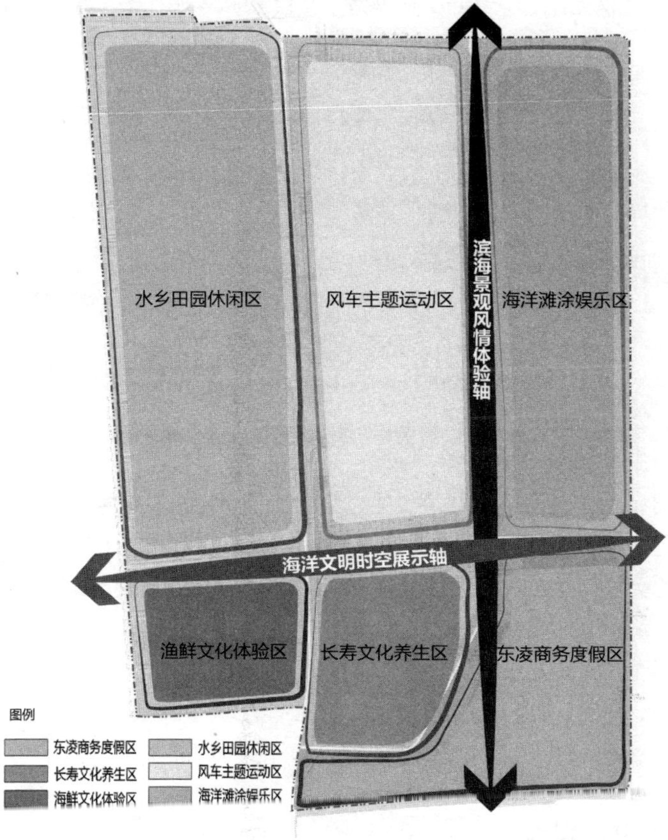

图 8-4　空间布局图

3. 六区

（1）长寿文化养生区

规划范围：新 S334 以南，濒临东凌湖片区。功能定位：主题养老、文化休闲、养生度假。核心项目：长寿文化养生馆、滨海养生小镇。支撑项目：养生主题酒店、国际康复理疗中心、海洋药膳堂、老年大学。

（2）水乡田园休闲区

规划范围：S221 以东，新 S334 以北。功能定位：田园观光、风情度假、农业休闲、特色体验。核心项目：水乡田园小镇。支撑项目：花海田园、渔人部落、农情乐园、农耕体验园。

（3）风车主题运动区

规划范围：新 S334 以北，滨海高等级公路以西。功能定位：动感运动、旅游观光、特色体验。核心项目：汽车总动员。支撑项目：风车大世界、汽车酒吧、汽车影院、汽车主题酒店。

（4）海洋滩涂娱乐区

规划范围：新 S334 以北，滨海高等级公路以东，延伸至海面上。功能定位：休闲观光、滩涂娱乐、海上运动。核心项目：国家级海洋滩涂公园、向阳岛。支撑项目：滩涂浴场、滩涂餐吧、游艇俱乐部、风雨廊桥。

（5）东凌商务度假区

规划范围：环东凌湖周边区域。功能定位：商务会议、休闲度假、主题游乐。核心项目：海洋文化馆、东凌儿童乐园。支撑项目：高端商务会馆、水上生态餐厅、滨水度假木屋、东凌会议中心。

（6）渔鲜文化体验区

规划范围：新 S334 以南，项目入口位置。功能定位：文化展示、商务交易、休闲体验、海鲜养殖。核心项目：海鲜创意 MALL、海鲜文化街。支撑项目：文蛤广场、快乐渔村、天下第一鲜、特色海鲜养殖基地。

（二）分区规划

根据各分区的不同资源条件和所承担的功能差异，两大轴线、六大功能分区的项目规划思路如下：

1. 滨海景观风情体验轴

策划思路：范公堤文化轴线的延伸，打造特色景观道，通过路面提升、景观丰富、兴趣点增加、服务升级、标识系统建设等工程，高标准打造旅游绿道。景观节点：洋口港、风车景观、万顷彩塘、滩涂湿地、海鲜创意 MALL、向阳岛。

2. 海洋文明时空展示轴

策划思路：既是原古到现在的海洋文化展示轴，也是如东海域—扶海州—如东县的发展演绎轴。景观节点：陆地—河湖—滩涂—海洋。

时空序列为陆上（如东县土地年代景观展示雕塑，如围垦岁月等）—东凌湖—海里的向阳岛。

3. 长寿文化养生区

策划思路：2011 年，中国老年学学会授予如东县“中国长寿之乡”称号，如东成为中国长寿大家庭中的第 21 名成员。基于如东县的长寿文化底蕴，突出该片区环境的打造，以养老养生为核心，形成长寿文化养生区。该区项目设计的原则是：精心设计，引入海水，以水造景，塑造并提升景观美感；环境提升的基础上，融入功能，注入长寿文化元素，打造养老养生度假小镇。

4. 水乡田园休闲区

策划思路：规划片区内的土地以农业种植为主，规划以农业种植为基底，改变农业种植的类型和方式，形成特色的田园景观；通过创意化的思路和理念，拓展农业功能，提升农业的价值和附加值，融合婚纱摄影、婚庆服务、农业采摘、农事体验等功能，形成创意农业体验片区；选择性地整合规划区内乡村，依托周边环境，按照“产村相融”的理念，融入水元素，将村内水系盘活，形成“江南水乡”新景象，展现如东新农村风貌。

5. 风车主题运动区

策划思路：该区域有大量的风机，由于风机转动会有噪音，并且风机周边本身有建设性项目限制，故本区域风机周边范围内不宜做建设性开发。该区域未来依托风车背景，增加景观元素，形成风车花田的浪漫观光区，可承接主题摄影、婚纱拍摄等活动。以风车为背景设置汽车赛道，并根据人群设置不同难度的路线，游客可根据自身情况选择。在这里，可以提供多种名牌车供游客选择，游客可以随性而发，体验无限刺激。

6. 海洋滩涂娱乐区

策划思路：该区域沿海拥有 10 公里长的滩涂，具有良好的滩涂风光，未来开发以恢复滨海滩涂生态环境为基础，丰富生物多样性，适度开发体验性旅游产品，形成欢乐滩涂体验组团。

7. 东凌商务度假区

策划思路：东凌湖区为整个项目重点板块，未来主要对接国家“一带一路”倡议，将南通融入海上丝绸之路经济带，成为海上丝绸之路“江苏驿站——桥头堡”，并对接上海市场形成高端商务休闲度假区，作为现在如东产业园的高端商务配套，承载商务会议、休闲度假的功能。

8. 渔鲜文化体验区

策划思路：如东县近海资源十分丰富，有各种浅水贝类 50 余种，其中被称为“天下第一鲜”的文蛤，年出口 6000 多吨，是全国最大的生产和出口基地。以如东历史悠久的海鲜文化为基础，以海鲜商品交易和海鲜文化体验为主，创新海产品交易模式，构建集海产品交易、美食休闲、海鲜文化体验、生态农庄体验等功能为一体的创意型海鲜交易及文化体验场所，作为项目第一印象区和核心文化体验区。

（三）项目策划

1. 项目体系与布局

依据上文的理念创新和项目突破方向，结合空间结构与功能分区，设计项目体系，由十大核心项目与配套旅游项目组成，如图 8-5、图 8-6 所示。

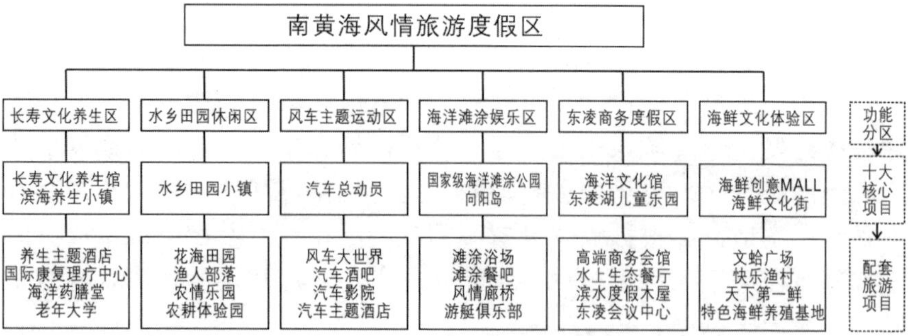

图 8-5　项目体系图

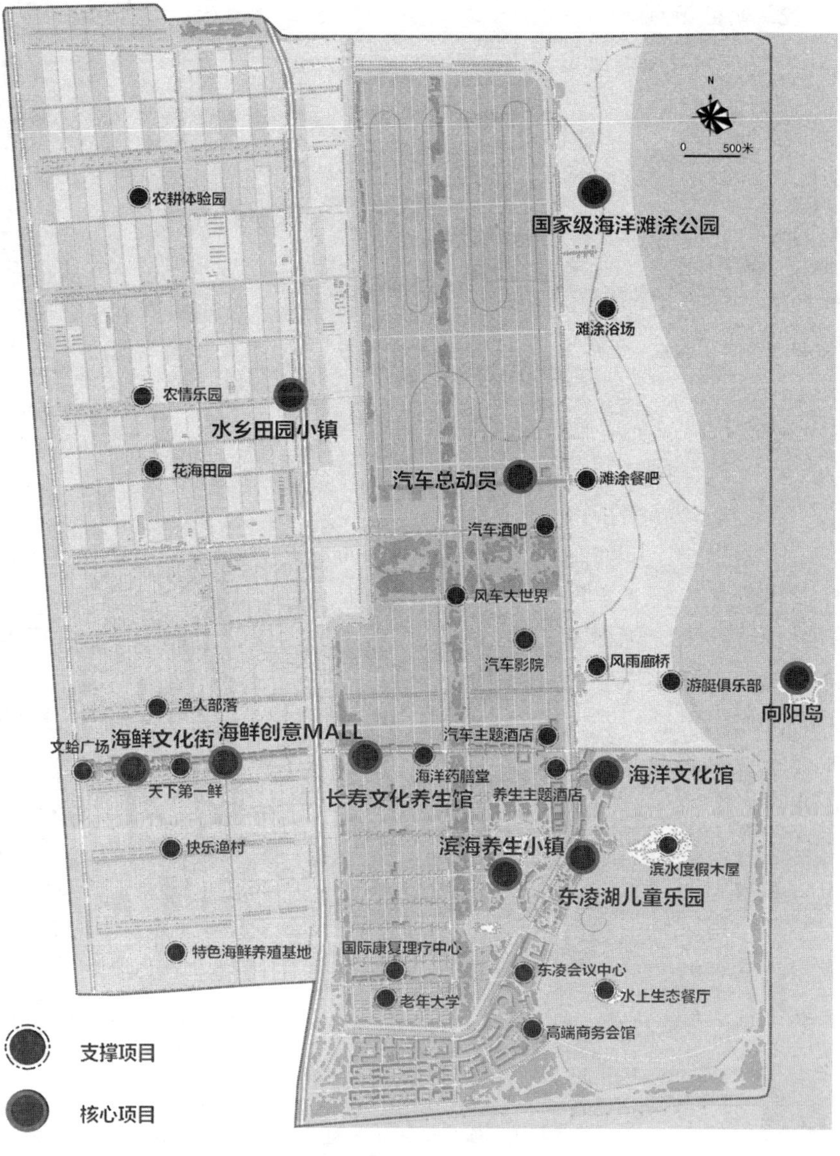
500米
国家级海洋滩涂公园
农耕体验园
滩涂浴场
农情乐园
水乡田园小镇
花海田园
汽车总动员
滩涂餐吧
汽车酒吧
风车大世界
汽车影院
风雨廊桥
游艇俱乐部
向阳岛
渔人部落
文蛤广场
海鲜文化街
海鲜创意MALL
汽车主题酒店
海洋药膳堂
海洋文化馆
天下第一鲜
长寿文化养生馆
养生主题酒店
快乐渔村
滨海养生小镇
滨水度假木屋
东凌湖儿童乐园
特色海鲜养殖基地
国际康复理疗中心
东凌会议中心
水上生态餐厅
老年大学
高端商务会馆
支撑项目
核心项目

图 8-6　项目空间布局图

2. 项目策划

（1）核心旅游项目

● 汽车总动员

策划思路：全面融入旅游、娱乐元素，打造中国东部汽车主题公园。按照“国际接轨、国内一流、东部第一”的标准建设，规划有汽车销售、汽车服务、汽车娱乐三大板块，集汽车博览、销售、文化旅游、休闲娱乐、物流等多功能于一体，形成一个完整的汽车全产业链基地。项目可提供各种不同档次的名牌赛车，可在越野基地狂欢，供游客全程体验，打造中国最具旅游休闲气质的国际性大型汽车流通及文化中心。主题定位：汽车狂欢圣地、中国东部汽车主题公园。功能定位：汽车博览、汽车装配、汽车销售、休闲娱乐、文化旅游。配套产品：汽车展销园、动感滩涂越野车俱乐部、汽车赛道。

● 滨海养生小镇

策划思路：以如东县“长寿之乡”为策划契机，通过整体环境的打造和改善，将“水”元素贯穿小镇，形成宜居、宜游、宜养、宜乐的综合性养生文化小镇。项目地以养老养生为规划理念，规划区别于传统的养老院或是单纯的养老地产模式，应利用一种新的理念、一种新的模式来引领新时代的养老产业。本项目规划中要考虑利用特殊的业态来吸引高端人群的入驻，融入现代商务服务的功能，对接一些大企业、老专家、研究所等，让退休高端人才在这里能够发挥余热，形成有产业支撑的朝阳产业园。整合资源，发展健康生活园区，小镇采用居家带田的模式，打造乡野健康生活园区，成为新健康生活方式的倡导者、引领者、示范性园区。在小镇内设置老年大学、幼儿园等，成为高端客源的第二居所，让老年人能够老有所学，并且也能尽享天伦之乐。主题定位：滨海度假胜地、长寿养生小镇。功能定位：养老养生度假、第二置业。配套产品：养老社区、养生别墅。

● 向阳岛

策划缘起：如东古称扶海州，为长江口最早出现的一块卵形沙洲。如东县境内，汤园乡曾挖掘出一艘巨大的独木舟，经碳 14 测定为三国年间之物，说明当时扶海洲未与陆地连接，是漂浮在海上的一个小岛，后来黄海淤泥堆积，才逐渐与陆地相连。策划思路：以如东县“古扶海州”的历史渊源，契合“如东太阳花，面向朝阳怒放的生命之花”的空间意向结构，故名“向阳岛”，作为项目的核心景观点和如东县未来的城市新地标，主要承载军事拓展、会议论坛、海上运动的功能。主题定位：如东太阳花——如东县新地标。功能定位：军事拓展、会议论坛、渔船码头、高端休闲。配套产品：岛上拓展基地、太阳花会展中心

- 东凌湖儿童乐园

策划思路：儿童代表着生命和活力，儿童消费占家庭消费的60%以上，所以旅游项目的策划也要围绕孩子展开。东凌湖湖面开阔，蓄水量可以人工控制，比较适宜开展水上娱乐项目。基于此，在东凌湖湖面上建立以儿童游乐为核心的水上儿童乐园，乐园以水为主要元素，在项目设置的过程中，利用五彩斑斓的珊瑚、青青翠绿的海草、造型奇特的鱼群以及梦幻的灯光、音乐营造出梦幻的海底童话世界，使整个乐园到处充满着“欢乐跃动”的水元素。在这里，孩子们可以跟海洋来次最亲密的接触，充分感受海洋的无限魅力，体验水乐园带来的无限创意与刺激。主题定位：欢乐水世界。功能定位：儿童休闲娱乐、海洋文化体验。配套产品：海底总动员、卡通魔力水屋、儿童游泳馆、竞速滑道、水上跳床。

- 海鲜创意 MALL

策划思路：大豫镇有“中国文蛤第一镇”的美誉，以文蛤的外形为原型建造一座海鲜创意 MALL，市场集海鲜销售、海鲜文化展示等多功能为一体，打造成为如东县的地标建筑。主体形态：主体建筑以文蛤贝壳形状为原型建造如东县地标建筑。主要特色：内部为创意性购物空间及体验空间，缔造新的购物理念。主要功能：购物、消费新体验、海产品展示、海鲜文化展示以及餐饮。运营模式：PPP 模式+订单式模式相结合。具体模式如下：海鲜创意 MALL 内的摊位及公共服务设施，主要采用招商或是当地居民自愿参与入股分红的模式，针对的消费群体主要是上海高端客户群体，采用订单农业的模式，或是来景区游客自主下单的方式。

● 海鲜文化街

策划思路：以海鲜文化为主线，沿海洋文明时空轴线打造海鲜文化街，完善文化产业链及配套商业，增加旅游功能配套，建设相对集中、功能完善的旅游消费区，形成规范化的旅游休闲文化街。在街道上主要布置餐饮、住宿、旅游商品等业态，通过各个时期代表如东文化特征的景观、小品、文字介绍牌等节点的打造，全方位地展示规划区的文化与发展历史，丰富项目文化内涵。街道的打造融合传统与时尚，主要为如东文化的展示，传统手工艺产品的售卖等，以传承地域特色鲜明的饮食文化、地方小吃以及民俗文化为主体，聚集如东知名老字号，原汁原味地呈现如东的海鲜文化历史，打造出传统与时尚交融的文化旅游新地标。

● 海洋文化馆

策划思路：如东县的发展史就是一部活态的海洋文化进化史，以如东县深厚的海洋文化为底蕴，通过活态的展示，来展现如东县的海洋文化历史，起到科普教育的功能，形成“图书馆＋博物馆＋海洋文化体验馆”三合一的综合型海洋文化科普体验中心。通过活态的海洋生物展示，来体现如东海洋文化历史，同时也作为青少年海洋文化科普教育基地。该馆不仅仅是静态展览，还专门设计了游客互动体验活动区域，游客能够近距离地跟海洋生物互动，增强游客体验性，丰富海洋文化馆的旅游功能，增强趣味性。现代人追求海底婚纱摄影的越来越多，除了以上功能外，该馆对外也可作为婚纱摄影基地，专门针对海底婚纱摄影群体，拓展文化馆的功能，增强服务性。

● 水乡田园小镇

策划思路：依托九龙村村支部及周边自然环境，将其打造为南黄海边上的“水乡田园小镇”，并结合当地渔业，形成渔业产业链，展现如东新农村建设风貌。依托现有村镇、乡镇与旅游功能融合，走综合发展道路，最终形成宜游、宜居、宜业的旅游服务小镇。主题定位：水乡小镇＋花海田园＋养殖产业。功能定位：兼有居住、集散、换乘、商业、旅游服务多种功能的综合型旅游小镇。宜居：依托九龙村，结合新农村建设，除保持现有居住、办公功能外，建设游客集散中心、商业街道、停车场等设施，融入换乘、集散等旅游功能，未来拓展具有乡村旅馆接待能力的旅游宜居小镇。宜游：景观的提升和功能的融合很重要，整理、规范现有街道、房屋、公建设施，与全域景观协调起来提升景观品质，今后无论从景观打造、社区整理、基础设施完善提升上均要满足旅游小镇的要求。宜业：旅游业的强势导入势必会广泛延伸产业链条，为社区带来众多就业机会，不仅实现宜居、宜游，更是社会效益明显翻番的宜业小镇。

- 国家级海洋滩涂公园

策划思路：规划区有较大面积的滩涂，土地不断增长，旅游观光价值较低，因此考虑结合运动体验项目以及传统渔业等开发旅游产品。注重滩涂湿地的景观再造，生态的要素、景观的要素注入地块之中，打造核心资源吸引力，参照盘锦红海滩的打造模式，形成国家级滩涂景观公园。以恢复滨海滩涂生态环境为基础，丰富生物多样性，对当地动植物资源进行保护，适度开发体验型旅游产品，形成“景观＋体验”的双重吸引力。项目构成：活力滩涂区、艺术滩涂区、渔事体验区。

- 长寿文化养生馆

策划思路：如东是中国长寿之乡，如东的生态环境和丰富的海鲜产品为重要因素。以“老有所乐，老有所依”的理念为宗旨，从老年人的需求和特点出发，建设老年活动中心，主要设置各种适合老年人运动休闲的项目，如健身室、棋牌室等，极大地丰富了老年人的精神文化生活。利用海鲜生物资源，深入挖掘如东长寿渊源，引进养生医疗理念，重点开发海鲜食疗、美容等产品，打造康体健身馆、美容养颜馆、海洋生物食疗中心等核心吸引物。举办海洋养生大会，包括海鲜食疗、亚健康康复等内容。功能定位：养老配套、健身运动、特色食疗、康体理疗。配套产品：康体健身馆、美容养颜馆、海洋生物食疗中心。

（2）配套旅游项目

- 养生主题酒店

策划思路：结合国际养生理念及如东海鲜文化、长寿文化，将现代酒店服务与中华传统养生文化完美结合，配套养生餐饮中心、康体休闲中心等设施，是集养生美食、养生度假、康体娱乐等功能于一体的特色主题酒店。通过精品化、品牌化建设，实现建筑特色化、设施现代化、景观灵动化、服务国际化。

● 国际康复理疗中心

策划思路：面向区域中高端的养生养老、美容美体和亚健康人群市场，以“预防疾病、修身养性、永葆青春”为核心理念，整合国内外尖端健康医疗产业资源，与国内外知名医疗机构建立战略合作关系。

以抗衰老、康复医疗为特色主营业务，包括国际抗衰老中心、国际整形美容中心、国际体检康复中心、生态健身场所等设施。理疗中心提供最专业、最完善、个性化的医疗定制服务，合力打造全国知名的、高质量的、高规格的新型医疗机构。

● 老年大学

策划思路：全面贯彻“活到老，学到老”的原则，为老年人量身打造学习乐园。老年大学设有多功能厅、图书馆、咖啡厅、活动室和休息室，而且课程设置涉及陶艺、绘画、摄影、雕刻、京剧、酒类品鉴、文学、地理学等多种类型。

● 海洋药膳堂

策划思路：以如东悠久的海鲜美食文化为基础，将海鲜与某些具有药用价值的食物相配制作而成的具有一定色、香、味、形的海鲜药膳，体现“寓医于食”的意义，以此来达到养生的目的。

● 花海田园

策划思路：描绘大地景观，打造精致景观。通过养殖塘景观的多层次构建，堤岸景观的多彩美化，生产房屋的统一规划、功能提升，构建多彩、绚丽、视觉冲击强烈的大地景观，通过细部休闲设施的融入、植物的复层搭配，构建特有的炫彩海塘景观。对养殖塘附近的生产性房屋进行统一规划，形成统一的建筑外观和完善的内部功能。

● 渔人部落

策划思路：依托养殖塘生产基地，以渔民生活为主要载体，以分时出租的形式，让游客享用特色的渔村住宿体验、渔民劳作体验、亲水娱乐，形成海岛特色的集休闲、娱乐、体验于一体的综合渔村风情体验基地。

● 农情乐园

策划思路：以适合项目地生长的农业植物为主要元素，规模化种植，并考虑与立体化种植、林下经济相结合，作为九龙村的产业，形成产业链条，既可美化景观，又可创造比较大的经济效益，解决农民的就业问题。依托农业种植，开展特色采摘，让游客在体验的同时，把自己的“战利品”带回去。

● 农耕体验园

策划思路：如东县是一个滨海渔镇，具有悠久的农耕文化历史，通过一些静物的展示来体现如东的农耕文明进化史，并设置一些体验性的农耕项目，满足城市游客“耕种”的需求，增强趣味性。项目以“水、渔、田”为主题元素，根据土地适宜性打造农耕体验园，同时配套绿色餐厅等生态旅游特色项目，成为周边客源市场的特色私人耕作农场。

● 风车大世界

策划思路：以现有风车为背景，配合大地艺术，特色化和规模化种植农业作物和花卉，形成壮观的风车花田景观，可作为婚纱摄影基地，并提供婚庆一条龙服务。

● 汽车酒吧

策划思路：打破传统理念，在这里可以尽情喝酒，也可以随心所欲“开车”。酒吧由几大主题区组成，不仅有普通酒吧的休闲性、娱乐性，还能让顾客领略到汽车文化的魅力。

● 汽车影院

策划思路：以汽车为载体，可露天也可室内，设置多台车的汽车电影院，以超大的银幕和宽胶带放映，给消费者带来身临其境的震撼感觉。

● 汽车主题酒店

策划思路：从硬件（建筑、装饰、产品等有形方面）到软件（文化氛围、文化理念、服务等无形方面）都围绕汽车文化展开，带给顾客富有个性的汽车文化感受和难忘体验。同时，可整合各种品牌汽车经销商，以独特汽车文化、品牌产品为题材打造一个层楼，使得每层楼都是一个品牌汽车主题文化，让消费者流连忘返。

● 滩涂浴场

策划思路：以如东悠久的盐运文化及广阔的滨海滩涂为资源基础，突出如东盐运文化，开设特色盐浴浴场。盐疗是一种补充治疗，能加速治愈并能有助于人体达到理想的平衡状态，包括盐水漂流河、盐水漂浮池、盐水浴足河、盐水木桶阵、盐水SPA池、盐疗冥想屋、热盐炕馆、盐矿洞馆等。

● 滩涂餐吧

策划思路：作为滩涂浴场和滩涂公园的配套餐厅，主要以海鲜美食为主，配合如东当地的特色菜。

● 风雨廊桥

策划思路：作为连接向阳岛和陆地的栈道，注重廊桥的形态设计和景观环境设计，并配合夜间灯光设计，形成一道独特的风景线。

● 游艇俱乐部

策划思路：作为向阳岛上高端度假休闲客户群体的运动配套，可以提供游船、游艇或是提供私人游艇的代为保管服务。

● 高端商务会馆

策划思路：会馆作为商务度假区的高端配套，具有强烈的昭示性、独有的情调、轻松惬意的感觉，提供综合性的服务，满足养生客户水疗、食疗等放松身心的需求。

● 水上生态餐厅

策划思路：突出生态化的建筑和绿色食品理念，作为商务度假组团的滨水核心餐饮区，可设置滨水露台餐饮区，增强景观性和吸引力。

● 滨水度假木屋

策划思路：按照生态化的理念和度假式的体验来设计度假木屋，既能满足现代人追求“野奢”的度假心理，又能满足人们对度假的基本向往。

● 东凌会议中心

策划思路：区别于向阳岛上的高端会议会展中心，东凌会议中心主要承接企业商务会议，以中小型规模为主。

● 文蛤广场

策划思路：以“天下第一鲜”文蛤为主题，广场中设置文蛤造型的雕塑和其他不同海鲜品种雕塑及介绍等，打造文蛤广场，成为海鲜文化街上重要的一个节点。

● 快乐渔村

策划思路：垂钓具有高品位性、消费适宜等特点，备受人们喜爱。该区域中设置多个垂钓平台，根据养殖特色，分设钓蟹、钓虾等不同区域，让游客充分感受垂钓的乐趣，并根据地势优势，布置别致的小木屋，让游客在游玩之余可以得到短暂的休息，面积宜小，外观尽量接近自然，富有野趣且不失浪漫情怀。

● 天下第一鲜

策划思路：如东文蛤被誉为“天下第一鲜”，以此设置美食馆，在这里游客可以体验美食的整个形成过程，从下田抓鱼蟹，到亲自烹饪，再到参加美食大赛等，每一个过程都会让游客乐在其中。针对美食大赛，景区可设置多种大小型赛事，有大型节庆的，也有平常的。在这里，游客也可了解有关海鲜美食方面的知识，包括鱼类、虾类、贝类等的生活习性、食用时节、食用功效、特色做法等。

● 特色海鲜养殖基地

策划思路：以如东渔业品牌为基础，以高科技生产为手段，通过完善的养殖设施的打造，构建“有机饲料——生态养殖——科技保鲜——创意营销”的渔业产业链，成为引领如东渔业养殖的龙头，也成为如东对外展示渔业产业的示范窗口。特色功能：生态养殖＋科技保鲜＋工业旅游。主题定位：渔业高科技养殖示范区，如东渔业产业示范窗口。

3. 旅游产品项目库

将上述策划项目汇总、甄选、分类，形成项目库，如表 8-3 所示。

表 8-3　旅游项目库

分区	项目等级	项目名称	子项目
长寿文化养生区	▲	长寿文化养生馆	康体健身馆、美容养颜馆、海洋生物食疗中心
	◆	滨海养生小镇	养老社区、养生别墅
	●	养生主题酒店	
	●	海洋药膳堂	
	●	国际康复理疗中心	
	●	老年大学	
水乡田园休闲区	●	水乡田园小镇	
	●	花海田园	
	●	渔人部落	
	●	农情乐园	
	●	农耕体验园	
风车主题运动区	◆	汽车总动员	汽车展销园、动感滩涂越野车俱乐部、汽车赛道
	▲	风车大世界	
	●	汽车酒吧	
	●	汽车影院	
	●	汽车主题酒店	
海洋滩涂娱乐区	★	国家级海洋滩涂公园	活力滩涂区、艺术滩涂区、渔事体验区
	◆	向阳岛	岛上拓展基地、太阳花会展中心
	●	滩涂浴场	
	●	滩涂餐吧	
	●	风雨廊桥	
	●	游艇俱乐部	
东凌商务度假区	◆	海洋文化馆	海洋博物馆、文化体验馆、科普教育馆
	▲	东凌湖儿童乐园	海底总动员、卡通魔力水屋、儿童游泳馆
	●	高端商务会馆	
	●	水上生态餐厅	
	●	滨水度假木屋	
	●	东凌会议中心	
渔鲜文化体验区	◆	海鲜创意 MALL	购物街、海鲜加工坊、茶吧、餐吧
	▲	海鲜文化街	主题酒店、主题餐厅、海鲜工艺坊
	●	文蛤广场	
	●	快乐渔村	
	●	天下第一鲜	
	●	特色海鲜养殖基地	

说明：★国家级重点项目　　◆省级重点项目　　▲市级重点项目　　●其他

4. 项目总平面图

上述旅游策划项目，按照发展理念和空间布局思路，形成总体空间布局如图 8-7 所示。

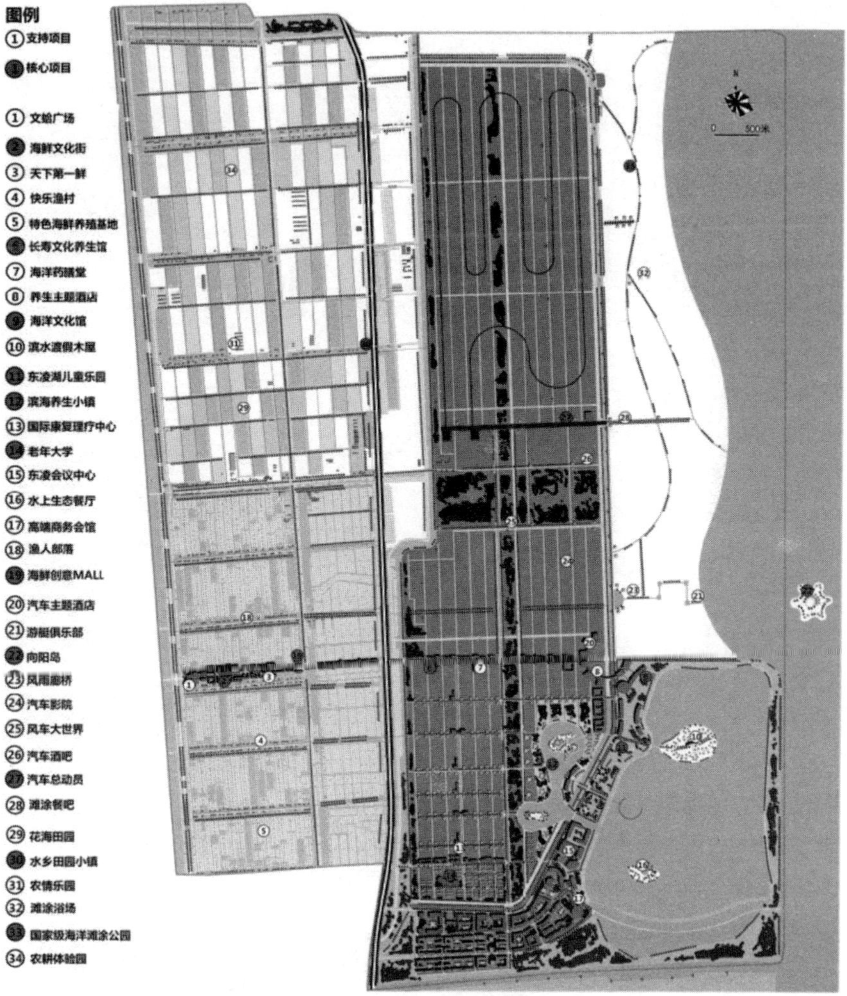

图 8-7　项目总平面图

（四）线路整合

1. 旅游交通规划

按照外部交通、内部交通和交通服务体系三部分，形成如下交通规划体系，如图 8-8 所示。

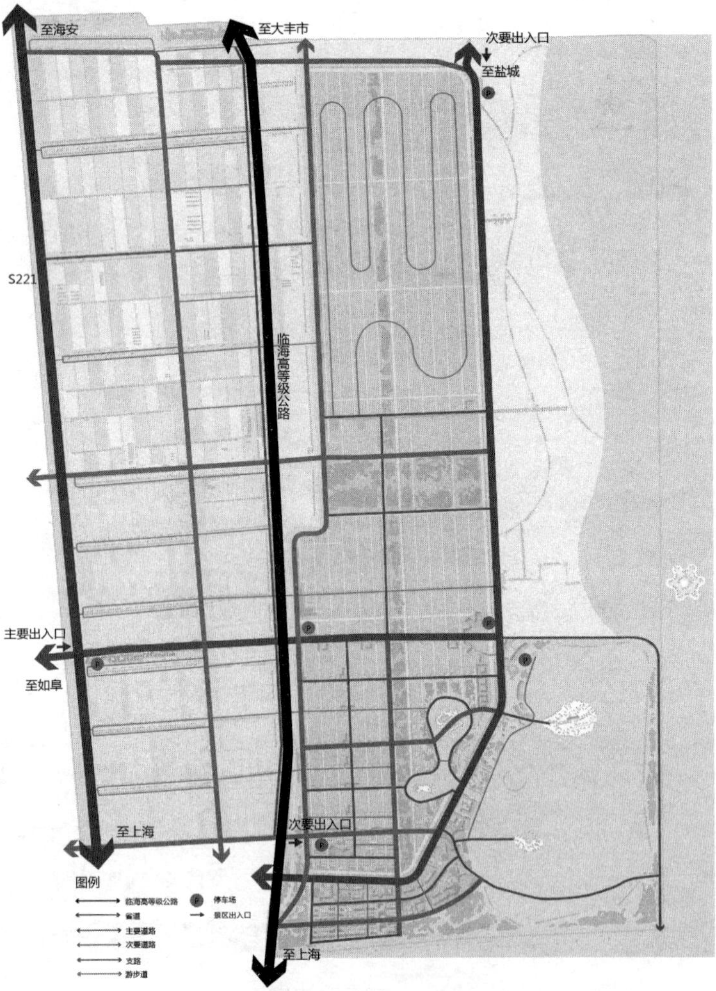

图 8-8　交通规划图

（1）外部交通规划

①以 S221、临海高等级公路和新 S334 为外部交通骨架的陆上交通。根据大豫镇镇域综合交通规划，新 S334 和临海高等级公路是大豫镇对外交通的主动脉，新 S334 和临海高等级公路贯穿规划区，未来将是规划区的交通主动脉。新 S334 和临海高等级公路开通后，从规划区至如东县车程缩短至 10 分钟，至扬启高速和通洋高速车程约 15 分钟，至如东火车站车程约 20 分钟，至南通兴东机场车程约 40 分钟，至上海浦东机场车程约 1.5 小时，距洋口港车程约 10 分钟，将提高周边城市群游客对东凌湖的到访率。

②以东凌港为核心的旅游航道建设。加强东凌港的建设，开发旅游航道，寻找自身发展动力，与洋口港、通州湾、吕四港等周边港口实现差异化发展。

（2）内部交通规划

由于 S221、临海高等级公路为城市重要道路，不宜承担区域内交通功能，对于规划区内部，针对主要用地情况，重点架构横纵交叉的内部交通路网。

①主要道路以一横一纵十字交叉结构为主体。主要道路提供各区域间的联系，主要服务于较大的交通流量，为主要片区之间的连接道路，通过景观设计，将道路设计为旅游景观大道。规划豫东垦区与海域连接处设一条主要道路，形成南北向的两条主要车行道路，连接道路两侧主要旅游项目。新 S334 与 S221 交叉口向东延伸至海域道路规划为东西向主要道路，交叉口设计为游客进入旅游区的主入口，重点对道路两旁景观进行规划设计，打造一条特色海洋文明时空展示轴线。

②次要道路形成横纵网状交通。次要道路是各功能区域内部连接各主要地块的道路，与主要道路衔接，连通各项目点，各区域间次要道路相互连接形成网络，保证车行交通服务的覆盖面。

③自行车道与步行道。主要的游憩廊道，为旅游区内部道路，连接主要的景点，形成连续的游憩网络，连接主要公共空间，主要利用线状田间路、塘堤等形式，可组织电瓶车、自行车、步行等多种游憩体验方式，来保证居民和游客以安全、舒适和愉快的方式进入各景点。

形成“一环”自行车游憩系统，规划东凌湖水库周边形成环湖自行车道，在片区西南入口及片区北侧分别设置自行车租赁点，为游客服务。形成“一带、两街”步行游憩系统，在海鲜文化街、水乡田园小镇和国家滩涂公园分别修建步行道，道路按照1.5～3米宽的标准设计。

④水上交通。在海鲜文化体验区海滨水镇和东凌湖片区规划小型航道，航道形成回路，能够满足手划船、摇橹船等小型游船航行，航道指示标志完善。在水镇设置码头及船只停靠点，布局在小镇酒店或商业业态集中地，主要停靠游艇等小型游船，停靠点为游船中途短暂停靠，供游客上下船观赏休闲的简易驳岸根据景点需求设计。

（3）交通服务体系

①停车场。规划设计在主入口、北部次入口修建停车场，主入口主要服务于旅游巴士和旅游区进入车辆，次入口停车场主要配套服务于从北侧进入规划区的游客，同时满足自驾车游客及团队游客的集散需求。

停车场规划以生态停车场的标准建设，按照小客车 13 平方米、小轿车10平方米的面积进行控制，在主入口建设25000平方米生态停车场，可同时停放 300 辆小客车和 2100 辆小轿车；在次入口建设5000 平方米生态停车场，可同时停放 500 辆小轿车。根据用地情况，在停车场中种植乔灌木，形成良好的生态环境，选择适合停车又生态的铺地，解决车辆荷载、排水、减尘、反光等问题。

②游客服务中心。设计在主入口，建筑风格集中体现如东当地特色，主要功能包括旅游信息咨询、旅游纪念品展售、文化展示、导游服务、休憩、车船租赁服务等。

③加油站。鉴于较大的空间范围，利用现有加油站，将加油站改造为生态环保型的加油站，不仅方便自驾车等类型的游客，也为相关产业的发展提供保障支持。

④交通标识。旅游区应配套相应的道路交通标识系统，为游人提供人性化的导引服务。在旅游区各级道路及主次要入口处，以太阳花为主题形象设计一系列特色导向标识。

2. 旅游线路规划

按照区域游线和规划区内专题游线的区分，规划以下游线布局，如图 8-9 所示。

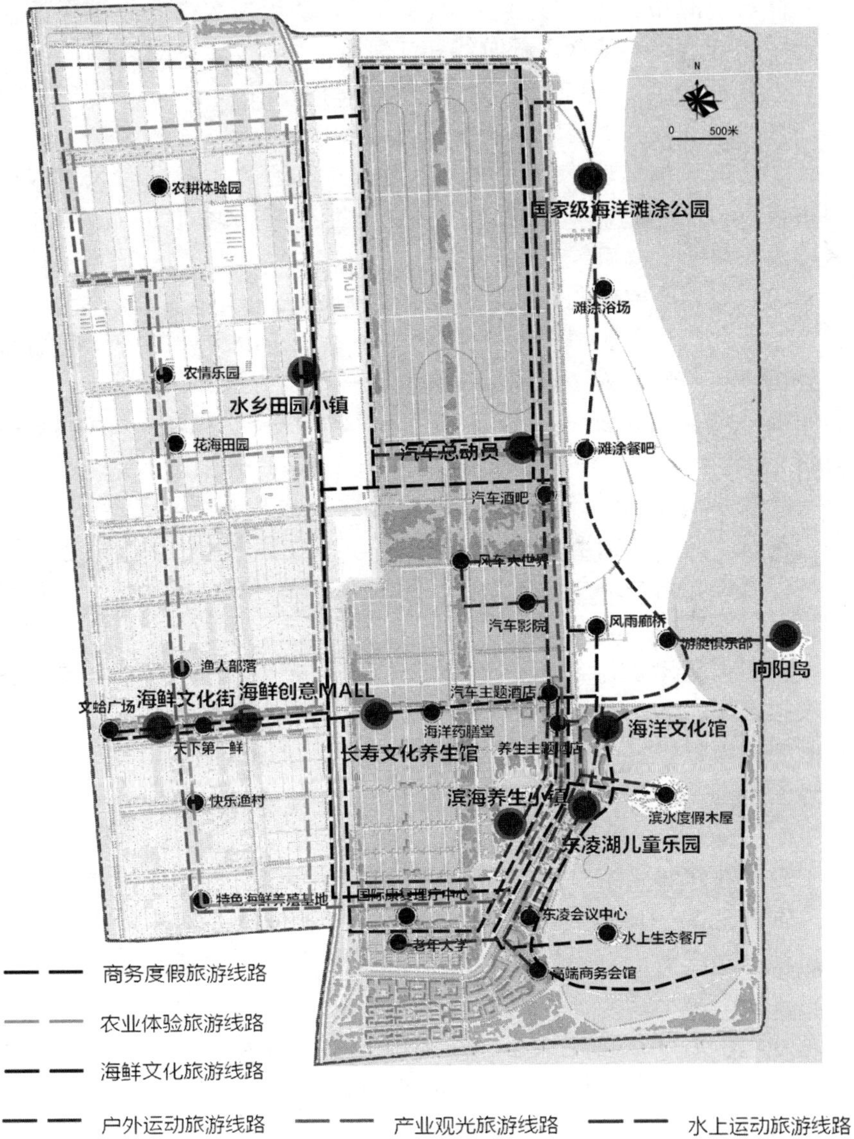

图 8-9　游线规划图

（1）区域游线

针对上海市民市场需求及出游特征，联动周边核心旅游资源，打造区域特色海鲜美食主题游线和江海风情体验自驾游线。

①海鲜美食主题游线：上海市—海门沿江渔村—太湖—阳澄湖—东凌湖度假区—吕四风情区—上海市。

②江海风情体验自驾游线：上海市—苏通大桥—濠河风景区—狼山风景区—洋口港—东凌湖度假区—东初寺—蛎岈山—吕四风情区—圆陀角—上海市。

（2）规划区内专题游线

①商务度假旅游线路：滨海养生小镇—东凌会议中心—高端商务会馆—水上生态餐厅—滨水度假木屋—海洋文化馆—游艇俱乐部—向阳岛—国家级海洋滩涂公园—汽车总动员—汽车酒吧—海鲜创意MALL—海鲜文化街—国际康复理疗中心—滨海养生小镇。

②农业体验旅游线路：农耕体验园—农情乐园—水乡田园小镇—花海田园—滩涂浴场—滩涂餐吧—滨水度假木屋—水上生态餐厅—特色海鲜养殖基地—快乐渔村—天下第一鲜—海鲜文化街—渔人部落。

③户外运动旅游线路：东凌湖儿童乐园—游艇俱乐部—滩涂浴场—国家级海洋滩涂公园—风车大世界—汽车总动员—汽车影院—汽车酒吧—国际康复理疗中心。

④海鲜文化旅游线路：文蛤广场—海鲜文化街—海鲜创意MALL—长寿文化养生馆—海洋药膳堂—养生主题酒店—风雨廊桥—向阳岛—海洋文化馆—老年大学—滨海养生小镇。

⑤产业观光旅游线路：渔人部落—农耕乐园—风车大世界—汽车影院—海洋药膳堂—国际康复理疗中心—特色海鲜养殖基地—特色渔村—天下第一鲜。

⑥水上游线：老年大学—高端商务会馆—水上生态餐厅—东凌湖儿童乐园—滨水度假木屋—海洋文化馆—养生主题酒店—海洋药膳堂—长寿文化养生馆—国际康复理疗中心。

（五）核心先行

为了更好地将规划方案付诸实施，促进整个规划区科学有序发展，需根据总体布局和发展现状，划定核心启动区，率先启动规划建设，以统领整个规划区的顺序发展。

1. 核心启动区空间范围

沿新规划的 S334 往南，主要包含规划的渔鲜文化体验区、长寿文化养生区、东凌商务度假区三个区，总面积 2291.77 公顷，如图 8-10 所示。

图 8-10　核心启动区规划范围图

2. 核心启动区项目体系

核心启动区的规划项目，需要结合不同建设时序，列表建库，有序实施，如表 8-4 所示。

表 8-4　核心启动区项目体系表

分区	项目名称	子项目	近期	中期	远期
长寿文化养生区	长寿文化养生馆	康体健身馆		√	
		美容养颜馆			√
		海洋生物食疗中心			√
	滨海养生小镇	养老社区		√	
		养生别墅			√
	养生主题酒店				√
	海洋药膳堂				√
	国际康复理疗中心			√	
	老年大学			√	
东凌商务度假区	海洋文化馆	海洋博物馆	√		
		文化体验馆	√		
		科普教育馆		√	
	东凌湖儿童乐园	海底总动员	√		
		卡通魔力水屋、儿童游泳馆		√	
	高端商务会馆			√	
	水上生态餐厅		√		
	滨水度假木屋			√	
	东凌会议中心		√		
渔鲜文化体验区	海鲜创意 MALL	海鲜购物街、茶吧、餐吧	√		
	海鲜文化街	海鲜主题酒店	√		
		海鲜主题餐厅	√		
		海鲜工艺坊		√	
	文蛤广场		√		
	快乐渔村			√	
	天下第一鲜			√	
	特色海鲜养殖基地		√		

3. 核心启动区平面布局

核心启动区的旅游策划项目，按照发展理念和空间布局思路，形成如下总体空间布局，如图 8-11 所示。

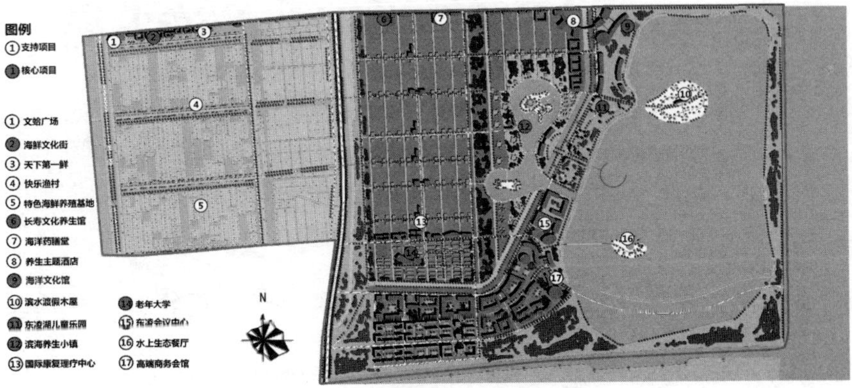

图 8-11　核心启动区平面布局图

第九章　南黄海东凌湖滨海旅游发展：落实方案和保障措施

基于杠杆原理的旅游发展与规划逻辑思路，共分为四步（图4-2），本章是第四步（图9-1），重点解决南黄海东凌湖滨海旅游发展的落实方案和保障措施，回答“谁操作”“咋保障”的问题。

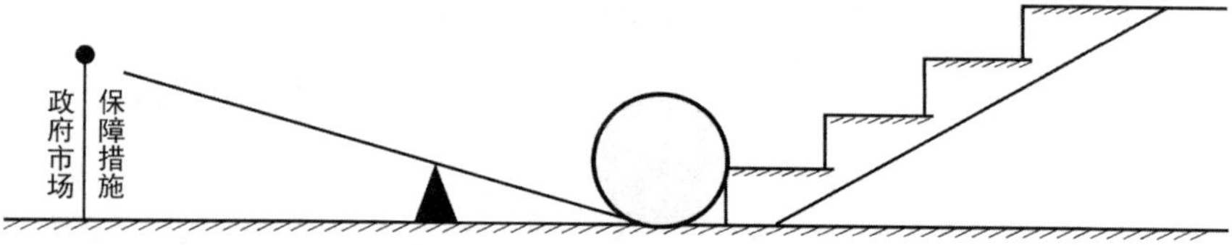

图 9-1　落实方案和保障措施

一、落实方案——谁操作

（一）强化政府

对于近乎白地的规划区，启动全面的旅游发展，至少在发展早期，应实行政府主导模式，强化政府在组织保障、体制机制等方面的能动性，形成领导重视、部门联动、社会参与、共同发展大旅游的局面。具体可采取以下措施：

1. 加强领导组织，形成旅游宏观协调机制

加强规划的领导，成立旅游规划实施领导小组，县里主要领导担任组长，相关部门负责同志参加。下设办公室，负责具体事务。根据规划要求，明确各部门责任，制定考核标准，形成发展合力。建立

重大事项的联席会议制度、协商机制、决策制度等。鼓励成立各类旅游协会、文化研究会等，加强对相关产业的服务。

2. 加强职能建设，提升旅游部门管理能力

南黄海旅游管理近期内以规划和标准化管理为重点，实施三个行动计划：一是加强旅游业从业人员的培训和管理，同时增加旅游事业经费，设立旅游专项基金；二是大力推进旅游标准化管理工作，加强旅游统计和信息化工作，在旅游行业实现电脑化、自动化和电脑联网，旅游城镇首先联网；三是组建南黄海旅游经济促进中心，肩负质检、旅游景区管理、培训、服务等，一些业务进行企业化经营，推进南黄海旅游协会的组建，旅游协会的成员以旅游企业为主体。

3. 深化体制改革，创新旅游管理运行机制

（1）深化旅游企业改革，培育东凌湖度假区龙头企业

东凌湖度假区要建成旅游品牌目的地，不仅要建设品牌景区，还必须有品牌企业。鼓励和支持旅游企业等参与现有企业的改组改制，打造南黄海旅游的龙头企业、支柱企业。在未来2至3年，组建南黄海旅游集团。组建原则是：从经营业务上，形成南黄海旅游一条龙式的服务链，兼营与旅游有关的业务。

（2）探索景区管理体制改革，推进景区机制创新

借鉴成功旅游景区的管理模式和经验，探索景区管理模式。在统一规划、严格保护、合理开发、有效利用（经济效益、社会效益、生态效益）的前提下，推进旅游区（点）管理体制与经营机制改革。

（3）实行旅游横向联系，建立全方位的旅游网络

实行旅游横向联合，建立全方位的旅游网络。一是建立高起点的旅行社，外引内联，多渠道组织客源；二是积极向外拓展，与兄弟地区的风景名胜区联网，形成开放式旅游网络。

（4）建立部门协作与产业联动机制

在如东县政府的统一部署下，各有关部门加强协调、分工合作，共同培育旅游主导产业，促进全域经济发展。相关部门要抓好旅游规划与全区国民经济和社会发展整体规划、城市发展规划、各产业规划的衔接，加快基础设施建设，做好旅游项目筛选，积极争取国债资金

及其他资金，加大旅游投入。

财政部门将旅游基础设施建设纳入国民经济计划，增加导向性资金投入，县财政要每年安排一定数额的旅游促销经费。国土部门对符合规定的旅游资源综合开发项目、旅游度假区项目和专项旅游项目，在建设用地审批方面给予支持。交通部门要大力改善旅游交通条件。金融部门在不违反原则条件下，在信贷投放方面对旅游产业实行倾斜，增加信贷资金。农业部门要结合农业产业结构调整，发展观光、休闲农业，建立绿色食品生产基地。林业部门要结合退耕还林和天然林保护工程，探索林业结构调整和体制改革，大力发展生态旅游。工业部门要结合工业产业结构调整，发展南黄海特色的旅游纪念品、日用品和休闲食品的生产，并开辟工业观光点。经贸部门要发展旅游购物网络，组织旅游商品的生产与流通。扶贫工作部门要制订旅游扶贫计划，落实旅游扶贫措施。宣传部门对全区旅游宣传统一指导，把旅游宣传同城市形象宣传、对外经贸、文化交流和精神文明建设有机结合。文化部门要开发文化旅游景点，推进旅游产业与文化产业的结合，开拓培育文化产业的新渠道。教育部门要发展旅游教育，扶持旅游院校和专业，普及旅游基础知识。体育部门要发展南黄海体育旅游产品，培训生态旅游的管理服务人才，与旅游部门共同制定相关旅游管理办法，共同发展。统战、民族、宗教部门要开发宗教旅游产品和纪念品，发挥宗教爱国组织的作用，扩大客源。卫生部门要指导旅游景区设立急救站，组建全区旅游急救中心和网络，加强对旅游景区的卫生防疫工作，负责对旅游餐馆进行食品卫生检查。环保部门要强化环境保护意识的宣传教育，加强环保指导和监督。公安等政法部门要依法打击干扰和破坏旅游业发展的各种违法行为，加强社会综合治理。

（二）盘活市场

旅游的发展，仅靠政府的力量是不够的，必须充分盘活市场，借助市场的力量，多方“筹钱”，共同发展。按照“多渠汇流”原则，并结合旅游业投融资趋势、规律和南黄海发展，本次规划提出如下方案。

1. 争取国家加大对旅游基础设施的扶持

抓住长三角区域旅游发展战略机遇，积极争取国家、省里的资金扶持。根据政府投资走向，重点投资于以下难以获得直接收益的公共领域：交通等公共基础设施及公共事业；城镇市政基础设施；大气、水源等环境治理项目；文物保护和维修；生态建设工程；人力资源开发等。

需要做好三个方面的配套工作：①争取上级扶持力度。②政策组合，利用各种配套优惠政策和资金渠道。③做好项目前期工作，策划和筹备一批国家投资重点项目，并抓紧建议书和可行性研究报告的编制。

2. 加强与金融机构的合作

南黄海旅游业发展所需资金数额巨大，需要加强与金融机构合作。具体资金渠道包括：向商业银行申请抵押或质押贷款；向政策性银行申请贴息贷款；卖方信贷；通过担保公司进行融资担保；申请世界银行贷款；申请国家间援助性贷款。

为此，需要采取以下措施：成立资产信贷公司，明确借贷主体；明确资产产权，剥离劣质资产，分离出可用于借贷的优质项目抵押资产；加大前期工作的力度，研究南黄海的资产体系及相应的政策扶持措施。

3. 加大项目对外招商引资力度

招商引资方式主要有招募入股融资、定向募股融资、整体项目融资三种。

需要采取配套措施：加大投资开放力度；改善投资环境，转换政府职能，建立服务性的、诚信的政府；搞好项目包装与招商资料。

4. 充分利用资本市场融资

通过资本市场融资已成为旅游开发可选择的融资方式之一，其融资方式有：国内上市融资、海外融资、信托融资。

需要配套以下措施：成立旅游开发总公司，增强企业的融资能力；创新目的地管理模式；探索新的融资方式，研究和尝试海外融资与信托融资的可能和效果。

5. 鼓励当地群众投资

引导群众投资到投入小、见效快、回报稳定、经营方式灵活的领域。主要有：（1）旅游餐饮；（2）旅游交通；（3）民居旅馆；（4）旅游商品；（5）旅游娱乐；（6）旅游景点；（7）旅行社；（8）其他适宜的旅游配套服务。

配套措施有：政府要为民间开发的旅游项目提供公平的经营环境；提供必要的资金扶持；开放投资领域；制定优惠政策；帮助群众成立民间团体与旅游投资者协会；帮助促成多种开发形式，丰富当地群众投资南黄海旅游业的方式；加大对当地旅游就业和创业者的培训。

二、保障措施——咋保障

（一）政策保障

1. 强化旅游法制建设

采取如下措施强化旅游法治建设：实施和修订南黄海已颁布执行的旅游法规、条例与管理办法；加强南黄海旅游执法队伍，从人员、经费、工作条件等方面加强南黄海旅游质量监督管理，明确相关部门职责，建立南黄海旅游联合执法办公室，规范和完善旅游执法程序。

2. 完善旅游投资政策

出台《关于进一步加快南黄海旅游业发展的决定》，以规划为准则，进一步落实各项重点发展任务，作为加快南黄海旅游业发展的总政策和总纲领。

制定和完善旅游投资政策包括：旅游开发土地出让优惠政策；旅游建设税收优惠政策；鼓励开发旅游景区景点；鼓励外商来南黄海投资旅游业；鼓励区内外各类经济实体来南黄海创办合作、合资、独资等旅游企业。

3. 扶助旅游企业发展与改制的政策

优先推动国有旅游企业改制重组。近期，完成对国有旅游企业的改造、企业重组，县财政给予贷款贴息。扶持旅游企业发展的政策包括：现有旅游企业执行优惠所得税率；对涉外旅游企业按每年实际结汇额实行创汇奖励政策；对年度缴纳流转税数额较大的旅游企业，实行返还扶持政策。

（二）人力保障

东凌湖度假区尚处于待开发阶段，严重缺乏旅游景区管理、饭店经营管理、旅行社经营管理、旅游市场营销、旅游公共关系与旅游形象策划宣传、旅游资源评估开发规划设计、旅游商品开发设计营销等相关人才，以及有关专家、专业人员，缺乏熟练的技术工人，缺乏旅游教育培训等有关专业人才。

关于人力保障，应采取如下措施：

1. 以人才引进为主，地方自身培养为辅

在度假区内建立县级旅游人才培训中心。针对地方旅游资源、产品、市场需求的现状，培养一批资源保护与开发、产品设计与营销、市场分析与预测等相关工作的人才，培养一批胜任旅游区突发事故处理、紧急救治的专门人才；针对地方城市建设、景区建设的现状，在城市规划设计、城市管理（包括交通、环卫等）、景区规划与设计等部门和行业之间，建立一种长期稳定的人才合作机制。

2. 实施“个十百千万旅游人才工程”

引进若干名旅游杰出人才担任重要领导职务，培训 10 名高级管理人员，培养和引进百名导游和管理人才，引进和培养千名服务人员，以及让万名农民接受旅游职业技能培训。

3. 加强对旅游人才培训基地和机构的建设

培养和提高本地培训人员、高层管理人员的旅游管理及专业水平。如有可能创建南黄海旅游职业技术学校，争取在 5 年内，让全县一线从业人员完成轮训，实现全员持证上岗。

4. 短期职业技能培训

定期举办高层次培训班，培训政府、企业中高层管理人员，聘请内外地旅游行业专门人员举办短期培训班，邀请国内著名专家就旅游规划、旅游策划与营销、旅游文化、城市规划等内容进行讲学。

5.“请进来，走出去”

（1）“请进来”：旅游论坛、旅游研修

利用大型节庆的机会，举办旅游论坛，每年开展一次，邀请国内著名专家就旅游发展规划、旅游策划与营销、旅游文化与旅游文学、城市建筑与城市规划等专题进行讲学；引进专门人才，对于旅游业中奇缺的专业技术人才，应采取引进和培养相结合的方式，制定南黄海旅游人才引进的管理、奖励办法，邀请外地和国外旅游管理人员与技术人员来南黄海旅游行业工作。

（2）“走出去”

举办旅游业务考察团，重点考察旅游景区开发与管理、旅游市场促销、旅游纪念品开发、旅游人才培训和旅游服务质量管理等内容，并介绍当地的旅游投资政策和旅游项目。

（3）“短平快”专业人才研修班

切实加大对紧缺急需的应用型、复合型、创新型人才的培训力度。可采取“短平快”的方式，委托有关院校根据用人需求举办短期的紧缺专业人才研修班。

（4）企业自我培训

旅游饭店要形成自我培训制度，并利用旅游淡季开展旅游企业的全员培训。旅游培训内容涉及旅游管理、旅游经济、饭店服务、导游服务、烹饪、公关礼仪、中医美容、商贸旅游、外语等。

（5）提高全民旅游意识

开展多形式的全民旅游教育，提高全民旅游意识。旅游、新闻、教育等有关部门，要把提高全民旅游意识作为创建良好旅游环境的硬任务来抓，制订切实可行的旅游宣传教育计划并认真落实。

（三）安全保障

南黄海东凌湖滨海区域，开展滨海旅游相关活动时，尤其需要加强安全保障。

1. 落水意外

南黄海度假区水上活动主要集中在东凌湖库区和向阳岛上，游人在划船或参与其他水上活动时，有可能不慎落入水中，为了避免该意外发生，应采取以下措施：

（1）制定水上游览活动安全细则。细则应载明严禁游人可能进行的危险活动，参与性活动项目应写明游览路线，区内水域应标明水深并说明安全要求。

（2）规定水上活动范围，对危险性水域设立标志，要有专人负责。

（3）定期检测游船和水上娱乐设施的安全状况。

（4）对各类水上运输设备必须按定员乘坐，严禁超载。水上快艇应在速度、活动水域上提出规范，给参与水上活动的游客配发一定的救生设备。

（5）设立水上援助中心，中心配置快艇、医药、水手等，并配置先进的通信设备，训练高素质的急救人员，对出现的水上灾害事故进行及时救援。

2. 意外救助问题

意外救助问题包括食物中毒和突发疾病，为了保障病人的生命安全，维护旅游地的形象，应采取以下措施：

（1）首先应该搞好卫生问题，在游客的居住饮食上要保持清洁卫生；

（2）要成立卫生检查小组，不定期地对各个旅馆饭店卫生质量进行检查；

（3）成立急救小组，小组人员要经过医学培训，并配备相应的医疗设施，在紧急问题发生时能够迅速到场，对中毒人员进行急救；

（4）和医院建立密切联系，在第一时间能够使病人得到救护，保证病人的生命安全。

3. 交通阻塞问题

五一、十一黄金周，游人蜂拥而至，难免会交通阻塞。东凌湖度假区的交通阻塞问题主要集中在 S334 通道及各景点连接通道上，为了避免交通堵塞，需要采取以下措施：

（1）高峰期严禁机动车辆进入。一是 S334 通道，黄金周限制车辆进入；二是可以在进入东凌湖度假区之前启动景区交通车，避免车辆进入景区影响景区交通及居民生活。

（2）景区运用经济杠杆作用和组织协调，做好旅行社之间的良好沟通，避免多个旅游社团队同时出现在一个景点，造成交通阻塞。

（3）各路口建立交通疏导点，疏导和限制游客人数。

4. 游客超载问题

如果一个景区内游客过多，会给景点造成严重的问题。首先，游客人数大于景点可承受量，会严重破坏景区的可持续发展；其次，游人的满意度大大下降，不利于长远发展。要解决这个问题，要及时对游人进行疏导。

（1）景区门口应明确指出右进左出，避免游客拥在门口，欲出不能，欲入不行。

（2）限制游客人数。虽然会减少短期内的收益，但有利于长远发展。通过经济杠杆（不同时段价位不一样）、游客组织、单位时间限量、营业时间延长从根本上解决游客超载的问题。

（四）环境保障

生态环境保障是旅游景区可持续发展的基本前提。南黄海东凌湖滨海旅游发展要采取如下生态环境保障措施：

1. 空气质量的保护

各旅游区周围要划定保护区范围，对周围污染严重的企业，或者取缔、搬迁，或者采取治理措施，为旅游区打造良好的大气环境。厕所、污水处理厂、垃圾集中和处理场地等，应建在游览区、娱乐场、露营地、交通道路和旅馆、餐厅的全年主导风向或旅游季节主导风向的下风侧。停车场设在下风侧，但应在厕所、污水处理厂、垃圾集中及处理地的上风侧，并与餐厅、旅馆、露营地、娱乐场所、游览地等保持相应的距离，以减少汽车和灰尘对大气环境的污染。

2. 水体环境的保护

采取坚决措施，严格控制工业新污染源，抓紧治理旧污染源。严格禁止新建小造纸厂、小化工厂、小制革厂、小酿酒厂等污染严重的企业。控制农业污染物排放，大力发展生态农业，提高农业生态效益。加快城市生活污水处理设施的建设，逐步实现生活污水处理后排放。

旅游区内的各类接待服务场所，如饭店、宾馆、疗养院、度假村等要建立污水处理设施，禁止向南黄海及东凌湖中排放污水。水上交通游览船只，要利用垃圾箱袋集中收集垃圾，靠岸后处理，不能直接排入水中，要逐步淘汰燃油机动船只，杜绝跑、冒、滴、漏油现象，同时采用无污染环保型船只，保护水体环境。

3. 做好噪声污染防治工作

消除、减少、减弱噪声声源，从声源上加以控制，将发声体改造为不发声的弱声体，用无声或低噪声的设备代替高噪声的设备。从根本上消除噪声声源，餐馆、娱乐场所、旅游区内不许使用高音喇叭，游览时间内不得进行产生噪声、干扰游客的作业。

4. 旅游垃圾处理和旅游厕所建设

建立旅游城市垃圾处理系统和旅游区垃圾处理系统，对旅游垃圾进行分类收集，旅游垃圾的处理可采用填埋法或者焚烧法，或者借鉴国外成型的垃圾处理方法。采用先进技术，推广和使用旅游厕所，这种旅游厕所污染较少、建造方便、费用低廉，如“无水厕所”“无臭厕所”“免冲洗厕所”等。在各旅游景点建设高新标准厕所，使厕所数量、布局、管理、设施现代化一步到位，尽可能减少对环境的污染。通过各种措施，控制工业固体废物产生和排放，力争使废物综合利用率（主要用作建筑材料或回收原料）保持在 90%以上。

5. 确定各旅游区旅游接待容量

各旅游区应根据规划，积极开发旅游资源，改善交通、服务设施和游览条件，根据自身的发展规模，确定合理的游览接待容量，有计划地组织游览活动，不得无限制地超量接待旅游者。同时，各旅游区应充分利用各自的资源特点，开展健康、有益的游览和文化娱乐活动，普及相关的历史、文化和旅游知识。

参考文献

[1]Agrawal S. Restructuring and local economic development: Implications for seaside resort regeneration in Southwest Britain [J]. Tourism Management, 1999, 20(4): 511-522.

[2]Agrawal S. Restructuring seaside tourism: The resort lifecycle [J]. Annals of Tourism Research, 2002, 29(1): 25-55.

[3]Akis S, Peristianis N, Warner J. Residents' attitudes to tourism development:The case of Cyprus [J]. Tourism Management, 1996, 17(7): 481-494.

[4]Aish. Tourism and stakeholder involvement in the management of the marine parks and reserves of the Seychelles[C]// Fotious S, Buhails D, Vereczi G. Final Report of Conference on Sustainable Development of Ecotourism in Small Islands Developing States (SIDS) and Other Small Islands. Seycheles: WTO, 2011.

[5]Birdir S, Özlem Ünal, Birdir K, et al. Willingness to pay as an economic instrument for coastal tourism management: Cases from Mersin, Turkey [J]. Tourism Management, 2013, 36(3): 279-283.

[6]Bird E C F. Beach Management [M]. New York: John Wiley, 1996: 31-54.

[7]Brown K,Tompkins L E,Adger N. Making Waves: Integrating coastal conservation and development[M]. London: Earth Scan Publications Limited, 2002: 289-291.

[8]Butler J, James Burnett-Herkes, Barnes J, et al. The Bermuda

Fisheries a Tragedy of the Commons Averted? [J]. Environment Science & Policy for Sustainable Development, 1993, 35(1): 6-33.

[9]Camisón C, Forés B. Is tourism firm competitiveness driven by different internal or external specific factors? : New empirical evidence from Spain [J]. Tourism Management, 2015 (48): 477-499.

[10]Charles V, Zegarra L F. Measuring regional competitiveness through Data Envelopment Analysis: A Peruvian Case [J]. Expert Systems with Applications, 2014, 41(11): 5371-5381.

[11]Chaverri R. Coastal Management: The Costa Rica Experience [C]// Magoon O T. Coastal Zone'87 Proc.5th Symposium on Coastal and Ocean Management. USA: Amer.Soc. Civ.Eng,1989, 5: 1112-1124.

[12]Davis D, Gartside D F. Challenges for economic policy in sustainable management of marine nature recourses [J]. Ecological Economics, 2001, 36(2): 223-236.

[13]Domínguez Vila T, Darcy S, Alén Gonzalez E. Competing for the disability tourism market—a comparative exploration of the factors of accessible tourism competitiveness in Spain and Australia [J]. Tourism Management, 2015 (47): 261-272.

[14]Edwards A J, Clark S. Coral Transplantation: A Useful Management Tool or Misguided Meddling? [J]. Marine Pollution Bulletin, 1999, 37(8-12): 474-487.

[15]Elroy J L, Albuquerque K D. Tourism penetration index in small Caribbean Islands [J]. Annals of Tourism Research, 1998, 25(1): 145-168.

[16]Frenot Y, Gloaguen J C, Massé L, et al. Human activities, ecosystem disturbance and plant invasions in subantarctic Crozet, Kerguelen and Amsterdam Islands [J]. Biological Conservation, 2001, 101(1): 33-50.

[17]Gorbatsevich L I. Initial survival of coral nubbins transplanted by a new coral transplantation technology-options for reef rehabilitation [J]. Marine Ecology Progress, 1997, 150(1): 287-292.

[18] Hall C M, Jenkins J M. Tourism and Public Policy [M]. London: Routlede, 1995: 523-540.

[19] Hall C M. Trends in ocean and coastal tourism: The end of the last frontier? [J]. Ocean & Coastal Management, 2001, 44(9): 601-618.

[20] Harvey N, Caton B. Coastal Management in Australia [M]. Melbourne: Oxford University Press, 2003: 19-21.

[21] Hillel O. Ecotourism in SIDS-realities and potentials [C]// Fotiou S, Buhails D, Vereczi G. Final Report of Conference on Sustainable Development of Ecotourism in Small Islands Developing States(SIDS) and Other Small Islands. Seychelles: WTO, 2001.

[22] 狄克逊，斯库拉，卡朋特，等. 环境影响经济分析[M]. 北京：中国环境科学出版社，2001：209-222.

[23] Johnson D. Environmentally sustainable cruise tourism: A reality checks [J]. Marine Policy, 2002, 26(4): 261-270.

[24] Juanita Liu，王国堂. 各类游客在夏威夷的相对经济贡献（续）[J]. 旅游学刊，1988，3（2）：68-75.

[25] Kay R, ALDER J. Coastal Planning and management[M]. London: E &FN Spon,1999: 110-113.

[26] Kay R, Alder J. Coastal Planning and Management [M]. 3th ed. London: Taylor & Francis, 2005: 128-134.

[27] Kuji T. The political economy of golf [J]. AMPO Japan-Asia Quarterly Review, 1991, 22(4): 47-54.

[28] Liaghat M, Shahabi H, Deilami B R, et al. A Multi-Criteria Evaluation Using the Analytic Hierarchy Process Technique to Analyze Coastal Tourism Sites [J]. Apcbee Procedia, 2013 (5): 479-485.

[29] Marsh J, Staple S. Cruise tourism in the Canadian Arctic and its implications [C]// Hull C M, Johnston M E. Polar Tourism: Tourism in the Arctic and Antarctic Regions. Chichester: Wiley, 1995: 63-72.

[30] Meaurio A, Murray I. Indicators of Sustainable Development in Tourism: The case of the Balearic Islands[R]. Spain: CITTIB, 2001.

[31]Méheux K, Parker E. Tourist sector perceptions of natural hazards in Vanuatu and the implications for a small island developing state [J]. Tourism Management, 2006, 27(1): 69-85.

[32]Morgan R. A novel, user-based rating system for tourist beaches [J]. Tourism Management, 1999, 20(4): 393-410.

[33]Morgan R. Some factors affecting coastal landscape aesthetic quality assessment [J].Landscape Research, 1999, 24(2): 167-184.

[34]Mow J M, Taylor E, Howard M, et al. Collaborative planning and management of the San Andres Archipelago's coastal and marine resources: A short communication on the evolution of the Seaflower marine protected area [J]. Ocean & Coastal Management, 2007, 50(3): 209-222.

[35]Nordstrom K F. Beaches and Dunes of Developed Coasts [M]. New York: Cambridge University Press, 2000: 192-224.

[36]Preobrazhensky V S, Krivosheyev V M. Recreational geography of the USSR [M]. Moscow: Progress Publishers, 1982.

[37]Preston-Whyte R. Constructed leisure space: The Seaside at Durban [J]. Annals of Tourism Research, 2001, 28(3): 581-596.

[38]Priestley G, Mundet L. The post-stagnation phase of the resort cycle [J]. Annals of Tourism Research, 1998, 25(1): 85-111.

[39]Radchenko V N, Aleyev M Y. Environmental and social impacts of management approaches in Sevastopol Bay in a historic retrospective: A case study from the Black Sea[J]. Ocean & Coastal Management, 2000, 43(8):793-817.

[40]Russo A P. The "Vicious circle" of tourism development in heritage cities [J]. Annals of Tourism Research, 2002, 29(1): 165-182.

[41]Salmona P, Verardi D. The marine protected area of Portofino, Italy: A difficult balance [J]. Ocean & Coastal Management, 2001, 44(1–2): 39-60.

[42]Schittone J. Tourism vs. commercial fishers: Development and

changing use of Key West and Stock Island, Florida [J]. Ocean & Coastal Management, 2001, 44(1-2): 15-37.

[43] Shareef R, Hoti S. Small island tourism economies and country risk ratings [J]. Mathematics and Computers in Simulation, 2005, 68(5): 553-566.

[44] Sherman D J, Gares P A. The geomorphology of coastal environments [J].Geomorphology, 2002, 48(1-3): 1-6.

[45] Small C, Nicholls R J. A Global Analysis of Human Settlement in Coastal Zones[J]. Journal of Coastal Research, 2003, 19(3): 584-599.

[46] Snoussi M, Aoul E H T. Integrated coastal zone management programme northwest African region case [J]. Ocean & Coastal Management, 2000, 43(12): 1033-1045.

[47] Taylor J E. Tourism to the Cook Islands: Retrospective and prospective [J]. Cornell Hotel and Restaurant Administration Quarterly, 2001, 42(2): 70-81.

[48] Thiele M T, Pollnac R B, Christie P. Relationships between coastal tourism and ICM sustainability in the central Visayas region of the Philippines[J]. Ocean & Coastal Management, 2005, 48(3):378-392.

[49] Vjekoslav B, Bejakovic P, Anton D. Tax System as a Factor of Tourism Competitiveness: The Case of Croatia [J]. Procedia-Social and Behavioral Sciences, 2012, 44(9): 250-257.

[50] Walker J L, Mitchell B, Wismer S. Impacts during project anticipation in Molas, Indonesia: Implications for social impact assessment [J]. Environmental Impact Assessment Review, 2000, 20(5): 513-535.

[51] Williams A T, Leathermas S P, Simmons S L. Beach Aesthetic Values: The SW Peninsula [R].UK: Proc.Int. Coastal Congress, 1992: 251-262.

[52] Wong P P. The geomorphological basis of beach resort sites — Some Malaysian examples [J]. Ocean & Shoreline Management, 1990,

13(2): 127-147.

[53]Wong P P. Coastal tourism development in Southeast Asia: Relevance and lessons for coastal zone management [J].Ocean & Coastal Management, 1998, 38(2): 89-109.

[54]Wong P P. Adaptive use of a rock coast for tourism-Mactan Island, Philippines [J].Tourism Geographies, 1999, 1(2): 226-243.

[55]Xie P F, Chandra V, Gu K. Morphological changes of coastal tourism: A case study of Denarau Island, Fiji [J]. Tourism Management Perspectives, 2013, 5(1): 75-83.

[56]И. И. 皮罗日尼科夫，邹风其，跃辉. 旅游地理学的理论和方法基础[J]. 地理科学进展，1987，6（2）：41-43.

[57]岑博雄. 北海涠洲岛生态旅游开发的基本思路[J]. 旅游学刊，2003，18（2）：69-72.

[58]柴寿升，严冬平. 滨海旅游发展现状及对策思索[J]. 海岸工程，2002，21（1）：63-67.

[59]陈钢华，保继刚. 旅游度假区开发模式变迁的路径依赖及其生成机制——三亚亚龙湾案例[J]. 旅游学刊，2013，28（8）：58-68.

[60]陈娟，王风维，刘阳. 中国海岛旅游开发中的环境问题研究[J]. 安徽农业科学，2011，39（35）：21858-21860，21864.

[61]陈君. 我国滨海旅游资源及其功能分区研究[J]. 海洋开发与管理，2000，17（3）：41-47.

[62]陈烈，王山河，丁焕峰，等. 无居民海岛生态旅游发展战略研究——以广东省茂名市放鸡岛为例[J]. 经济地理，2004，24（3）：416-418，429.

[63]陈思薇，梁贤军，马仁锋. 基于 SSM 的秦皇岛滨海区域旅游产业优化研究[J]. 海洋经济，2013，3（6）：34-38.

[64]陈小华. 沿海城市滨海区域的发展规划研究——以厦门市为例[D]. 上海：华东师范大学，2004.

[65]陈晓，李悦铮. 环渤海城市旅游竞争力差异及整合[J]. 地理与地理信息科学，2008，24（1）：105-108.

[66]程胜龙，尚丽娜，张颖，等. 两层次定量评价法在滨海旅游资源评价中的应用——以广西滨海为例[J]. 热带地理，2010，30（5）：570-576.

[67]段希莹. 明代海防卫所型古村落保护与开发模式研究——以深圳大鹏村为例[D]. 西安：长安大学. 2011.

[68]范恒君. 基于 RMPP 分析的滨海生态旅游开发模式探析——以广西北部湾为例[J]. 安徽农业科学，2012，40（9）：5371-5373.

[69]范业正，郭来喜. 中国海滨旅游地气候适宜性评价[J]. 自然资源学报，1998，13（4）：17-24.

[70]高亚峰，路紫. 河北省滨海旅游资源概况及发展对策[J]. 海洋信息，2005（4）：16-19.

[71]高亚峰. 河北省滨海旅游综合发展概况及方向[J]. 海洋信息，2005，（1）：16-18.

[72]谷明. 国外滨海旅游研究综述[J]. 旅游学刊，2008，23（11）：87-94.

[73]顾建清，李田，刘国宝. 游客心态与昌黎海滨旅游发展[J]. 地理学与国土研究，1995，11（1）：58-60.

[74]韩卢敏. 福建省滨海旅游开发模式与实证研究——以厦门市为例[D]. 福州：福建师范大学，2005.

[75]郝艳萍. 滨海旅游资源可持续利用对策探讨[J]. 海洋开发与管理，2003，20（1）：47-51.

[76]黄沛，丰爱平，吴桑云. 浅析国际著名海岛旅游开发与管理对我国海岛的借鉴作用[J]. 海洋开发与管理，2011，28（5）：36-39.

[77]江海旭. 我国滨海城市旅游竞争力空间结构研究[J]. 资源开发与市场，2015，31（7）：886-889，898.

[78]姜鹏鹏，王晓云. 中国滨海旅游城市竞争力分析——以大连、青岛、厦门和三亚为例[J]. 旅游科学，2008，22（5）：12-18.

[79]乐忠奎. 舟山海岛旅游环境可持续发展初步研究[J]. 东海海洋，2000，18（2）：58-63.

[80]李崇蓉. 对广西滨海旅游开发的思考[J]. 南方国土资源，

2004，（9）：13-14.

[81]李德美. 第一章 苏联旅游地理学的对象、方法和任务[J]. 地理科学进展，1989，8（1）：37-43.

[82]李建丽. 北海大冠沙发展滨海生态休闲旅游的模式与管理对策[J]. 广西科学院学报，2010，26（2）：193-196.

[83]李蕾蕾. 深圳的滨海旅游开发与形象构建[J]. 特区理论与实践，2003，（5）：24-27.

[84]李平，董志文. 滨海旅游发展中的环境问题及对策[J]. 海岸工程，1999，18（2）：44-47.

[85]李瑞，黄慧玲. 我国滨海旅游发展现状特征与趋势分析[J]. 宁波大学学报（人文科学版），2011，24（6）：88-93，128.

[86]李瑞，吴殿廷，朱桃杏，等. 基于内涵界定的我国滨海旅游发展模式研究[J]. 热带地理，2012，32（5）：527-536.

[87]李瑞等. 旅游资源规划与开发[M]. 郑州：郑州大学出版社，2002：106，160.

[88]李悦铮，李鹏升，黄丹. 海岛旅游资源评价体系构建研究[J]. 资源科学，2013，35（2）：304-311.

[89]李悦铮. 沿海地区旅游资源系统分析和产业布局——以辽宁省为例[M]. 北京：地质出版社，2002：85.

[90]李泽，孙才志，邹玮. 中国海岛县旅游资源开发潜力评价[J]. 资源科学，2011，33（7）：1408-1417.

[91]李植斌. 浙江省海岛区资源特征与开发研究[J]. 自然资源学报，1997，12（2）：139-145.

[92]李志强. 广东省海滨旅游现状与发展初探[J]. 海洋开发与管理，2004，21（4）：61-64.

[93]梁文，黎广钊. 北海市滨海旅游地质资源及其保护[J]. 广西科学院学报，2003，19（1）：44-48.

[94]梁修存，丁登山. 国外海洋与海岸带旅游研究进展[J]. 自然资源学报，2002，17（6）：783-791.

[95]林燕，陈婧妍，郑行洋. 滨海旅游资源评价指标体系的构建

及应用——以厦门为例[J]. 海南师范大学学报（自然科学版），2012，25（4）：452-457.

[96]刘冬雁，刘兰. 我国滨海旅游资源的开发与管理[J]. 海岸工程，2002，21（2）：21-25.

[97]刘佳，韩欢乐. 基于生态文明建设的滨海旅游低碳转型研究[J]. 资源开发与市场，2014，30（5）：625-629.

[98]刘佳，李晨，韩欢乐. 山东省沿海地区与陆域腹地旅游经济差异与协同发展研究[J]. 旅游论坛，2015，8（3）：52-59.

[99]刘佳，于水仙，王佳. 滨海旅游环境承载力评价与量化测度研究——以山东半岛蓝色经济区为例[J]. 中国人口 · 资源与环境，2012，22（9）：163-170.

[100]刘佳，张广海. 我国滨海旅游功能区建设布局及其发展对策[J]. 社会科学家，2011（9）：122-126.

[101]刘俊. 海滨旅游度假区发展模式比较研究——三亚亚龙湾和北海银滩度假区案例[J]. 人文地理，2010，25（4）：115-119.

[102]刘康，刘洪滨. 国家海滨公园开发与保护的平衡——以威海国家海滨公园规划为例[J]. 海洋开发与管理，2006，23（4）：97-103.

[103]刘伟. 海岛旅游环境承载力研究[J]. 中国人口·资源与环境，2010，20（5）：75-79.

[104]鲁小波，陈晓颖，郭迪，等. 辽宁省滨海旅游业竞争力影响因素分析与提升对策[J]. 海洋经济，2014，4（1）：18-24.

[105]陆林. 国内外海岛旅游研究进展及启示[J]. 地理科学，2007，27（4）：579-586.

[106]栾贻伟. 三亚市滨海旅游开发模式与实证研究[D]. 上海：上海社会科学院，2010.

[107]马仁锋，李冬玲，李加林，等. 浙江省无居民海岛综合开发保护研究[J]. 世界地理研究，2012，21（4）：67-76，89.

[108]苗小倩. 滨海城市旅游资源开发模式研究[D]. 天津：天津商业大学，2008.

[109]木丹，姜启军. 滨海旅游开发对海洋环境的影响及对策研究

[J]. 海洋开发与管理，2016，33（9）：81-85.

[110]乔敬图. 建设秦唐沧环渤海开放型经济隆起带研究[J]. 中国海洋大学学报（社会科学版），2005（3）：5-8.

[111]曲丽梅. 辽宁省滨海旅游资源区划与开发对策研究[D]. 大连：辽宁师范大学，2001.

[112]任淑华，王胜. 舟山海岛旅游开发策略研究[J]. 经济地理，2011，31（2）：322-326，345.

[113]石强，郝美田. 深圳滨海旅游资源开发研究[J]. 热带地理，2006，26（1）：61-65.

[114]史同广等. 区域开发规划原理[M]. 济南：山东地图出版社，1994：18-19，60-61.

[115]苏姗. 天津如何塑造国际滨海旅游名城[J]. 港口经济，2001（3）：38-40.

[116]唐少霞，赵志忠，罗艳菊，等. 滨海旅游开发与社会经济及环境的关系分析——以海南岛东部六市县为例[J]. 海南师范大学学报（自然科学版），2014，27（2）：203-209.

[117]王斌. 我国滨海旅游城市休闲渔业精致化发展路径[J]. 中国渔业经济，2015，33（5）：59-65.

[118]王纯阳，黄福才. 基于多方博弈的村落遗产地旅游开发模式形成机理研究——以开平碉楼与村落为例[J]. 数学的实践与认识，2013，43（1）：14-24.

[119]王富玉. 国际热带滨海旅游城市发展道路探析——三亚建成国际热带滨海旅游城市的战略思考[M]. 北京：中国旅游出版社，2001.

[120]王琪，尹延科，张霜. 无居民海岛开发 PPP 模式的困境与路径选择[J]. 海洋经济，2017，7（1）：9-17.

[121]王琦，李悦铮. 文化型海岛的旅游开发与研究——以刘公岛为例[J]. 海洋开发与管理，2010，27（1）：12-15.

[122]王铮等. 区域科学原理[M]. 北京：科学出版社，1994.

[123]王志凯. 海南岛滨海旅游资源评价研究[D]. 海口：海南大

学，2011.

[124]文吉，魏清泉. 旅游区域联合开发研究——以粤西海岛旅游开发为例[J]. 人文地理，2004，19（4）：22-25.

[125]吴必虎. 上海城市游憩者流动行为研究[J]. 地理学报，1994，49（2）：117-127.

[126]吴国清，张欣建，李书剑，等. 上海潜在滨海旅游资源调查及开发研究[J]. 资源开发与市场，2007，23（7）：650-652，674.

[127]吴姗姗，齐连明，张凤成. 新型潜在滨海旅游区概念和类型研究[J]. 海洋开发与管理，2009，26（9）：87-90，94.

[128]吴淑娟，肖健华. 川山群岛发展滨海旅游的对策研究——基于舟川两群岛滨海旅游资源条件的比较[J]. 海洋信息，2013（4）：49-53，60.

[129]伍鹏. 我国海岛旅游开发模式创新研究——以舟山群岛为例[J]. 渔业经济研究，2007（2）：10-17.

[130]杨帆. 用生态伦理学的观点来开发森林旅游[J]. 林业资源管理，2000（2）：49-53.

[131]杨洁，李悦铮. 国外海岛旅游开发经验对我国海岛旅游开发的启示[J]. 海洋开发与管理，2009，26（1）：38-43.

[132]杨洁. 国外海岛旅游的成功经验对我国海岛旅游发展的启示[D]. 大连：辽宁师范大学，2009.

[133]杨群，盛红. 深圳发展东部滨海旅游度假区的前景探析[J]. 海岸工程，2003，22（3）：70-75.

[134]杨振之. 旅游资源的系统论分析[J]. 旅游学刊，1997，12（3）：48-52.

[135]袁俊. 深圳市旅游业与文化产业互动发展模式研究[J]. 热带地理，2011，31（1）：82-87，99.

[136]张广海，陈婷婷. 山东省海洋旅游业区域整合与管理体制创新研究[J]. 海洋开发与管理，2006，23（3）：132-137.

[137]张广海，刘佳. 青岛市海洋旅游资源及其功能区划[J]. 资源科学，2006，28（3）：137-142.

[138]张广海，刘佳. 我国东部沿海地区旅游环境相对承载力研究[J]. 经济地理，2009，29（7）：1222-1227.

[139]张广海，王佳. 青岛市滨海旅游与城市经济发展定量分析[J]. 海洋开发与管理，2011，28（11）：117-123.

[140]张建萍. 生态旅游理论与实践[M]. 北京：中国旅游出版社，2001：61-63，67-68.

[141]张龙. 河北省开发滨海旅游模式研究[J]. 燕山大学学报（哲学社会科学版），2007，（S1）：101-103.

[142]张润秋，谭映宇. 滨海旅游开发与保护的研究[J]. 海岸工程，2002，21（4）：60-65.

[143]赵冰茹. 大连建国际滨海旅游名城初探[D]. 大连：辽宁师范大学，2001.

[144]赵楠，韩增林. 辽宁省滨海旅游资源评价及开发战略[J]. 海洋开发与管理，2006，23（4）：104-107.

[145]郑耀星，林文鹏，储德平. 海岛型旅游地空间竞争与区域合作研究[J]. 旅游学刊，2008，23（12）：58-62.

[146]周学锋. 基于建设海洋强国的无居民海岛管理研究[J]. 经济地理，2014，34（1）：28-34.

[147]邹永广，郑向敏. 国内无居民海岛保护与利用研究进展[J]. 经济地理，2013，33（3）：176-179，191.